Schleswig und sein St.-Johannis-Kloster

Michael Radtke

SCHLESWIG und sein ST.-JOHANNIS-KLOSTER

BOYENS

Für JJ

Fotos: Ingo Lau
(soweit nicht anders vermerkt)

ISBN 978-3-8042-1536-8

Herstellung: Boyens Buchverlag
Layout und Gestaltung: Jane Bieber
Druck: BELTZ Bad Langensalza GmbH, Bad Langensalza
Printed in Germany

www.boyens-buchverlag.de

INHALT

*Der Schleswiger St.Petri Dom: 1134 erstmals erwähnt,
der Turm ist 112 Meter hoch, er wurde 1894 eingeweiht*

Frühling im Kloster: Im Innenhof blühen Magnolien und Flieder. Rechts die Südseite des Kreuzgangs und dahinter die Kirche

NATUR

„BÄUME SIND GERNE ALT“

Natur und Gärten im Kloster und in Schleswig

Des frühen Morgens, wenn die kleine Stadt und das Kloster noch nicht erwacht sind, sitzen zwei Rabenvögel auf dem Dachfirst der westlichen Klausur, dicht nebeneinander. Der eine wendet seine scharfen Augen in Richtung der aufgehenden Sonne, der andere blickt nach Westen über die Bäume des Geländes hinweg auf die Silhouette des Doms. So sah man die beiden auch schon auf dem vergoldeten Hahn, ganz oben auf der Spitze des Kirchturms. Gelegentlich krächzen sie sich an, dann wieder stecken sie ihren gedrungenen, schwarz-samtenen Schnabel in das Federkleid des anderen und möchten am liebsten, so scheint's, entspannt verharren.

Wenn aber am späteren Nachmittag der Krähenschwarm, der sich tagsüber auf den benachbarten Feldern zwischen den Maisstrunken herumgetrieben hat, mit müdem Flügelschlag über das Kloster hinwegtrudelt und sein Nachtquartier am südlichen Ufer der Schlei aufsucht, dann sind unsere beiden Raben höchlichst alarmiert. Sie flattern von Baumspitze zu Baumspitze, krächzen in einem fort und wollen verhindern, dass sich ihre entfernten Verwandten ebenfalls das Kloster als Standort aussuchen. Sie sind die Verteidiger, Wächter und Bewohner dieses Platzes. Niemand sonst.

Dachreiter der Kirche: Auf der Spitze ein vergoldeter Hahn

Munin und Hugin, so heißen die Raben in der nordischen Mythologie, sehen alles in der Welt und berichten dem göttlichen Odin, was gerade so vor sich geht. Sie informieren darüber auch den alten Kaiser Barbarossa, der in einer Höhle des mitteldeutschen Kyffhäuser-Gebirges darauf wartet, dass das Reich wieder eins – und seins – sein möge. Bislang vergeblich. „Und wenn die alten Raben“, so dichtete Friedrich Rückert 1817, „noch fliegen immer dar, so muss ich auch noch schlafen, verzaubert hundert Jahr“.

Nun sind Munin und Hugin beileibe nicht das einzige Getier, von dem das Kloster bevölkert wird. Es gibt viele Vögel im Gesträuch, einen Grünspecht, Fledermäuse, Eichhörnchen, die roten, die gerne im Nussbaum herumtoben, den Kloster-Hasen, einen großen Kerl, der seiner Bedeutung entsprechend nur selten zu sehen ist und dann recht mählich daherkommt und es gibt den Kloster-Kater namens Kasimir, der die ganze Menagerie aus seinen veilchenfarbenen Augen beobachtet und erst nach gütlichem Zureden bereit war, sich streicheln zu lassen. Aber nur kurz.

Am dunstigen Abend nach einem hellen, warmen Sommertag ist manchmal ein permanentes, metallisches Sirren zu hören. Es klingt unerlaubt, zumindest unpassend, dieses Sirren. Die Spaziergänger im Kloster können seine Ursache zunächst nicht erkennen, doch dann: Über den Dächern des Gevierts bewegt sich ein riesiger Mückenschwarm, hin und her, herauf und herunter. Das ist der Abend der Schwalben. Dutzende von ihnen jagen der willkommenen Nahrung hinterher, noch zwischen Büschen und Bäumen und bis knapp vor die Klostermauern. An einem anderen Abend wummert aus den Lindenbäumen ein tiefer, sonorer, angenehmerer Ton heraus, der auf und ab schwillt. Das sind die Bienen, die in den Lindenblüten hängen. Bis zu 2,5 Kilogramm Nektar trägt eine Biene pro Lindenbaum in ihren Stock. Lindenblütentee und Lindenblütenhonig sind altbewährte Heilmittel.

Wohl nirgendwo im Stadtgebiet wird die Natur so in Ruhe gelassen, so gelassen be-

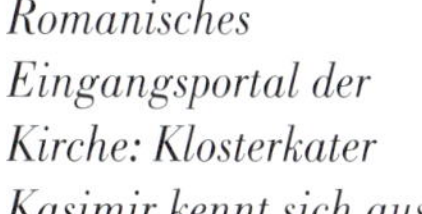

Romanisches Eingangsportal der Kirche: Klosterkater Kasimir kennt sich aus

wahrt wie im St. Johannis-Kloster, dessen Schutzpatron ja bereits den Adler als Feld-Zeichen hat. Den Adler, der als mächtige steinerne Skulptur im Park des Bibelzentrums seine Schwingen ausbreitet. Den Seeadler, den man früher gelegentlich vom Ufer der Schlei auf der Sandbank vor der Möweninsel beobachten konnte. Es gab Zeiten, da war der Bestand der Seeadler im Lande stark gefährdet. Inzwischen hat sich das geändert. Es gibt sie wieder, die Seeadler brüten regelmäßig am Nordufer des Schlossgrabens, sie sind mit bloßem Auge schwer zu erkennen.

Fast so unsichtbar, und damit aus den Lüften zurück auf den Boden, wie die Gärten, die das Gottorfer Schloss einst umgaben. Der erste war der „Westergarten". Er lag auf einem Areal südlich des Schlosses, dort, wo später das prachtvolle Palais Dernath (die niederländische Adelsfamilie hieß ursprünglich van der Nath) stand, danach das Bielkesche Palais (1868 abgebrannt) und heute das Schleswig-Holsteinische Oberlandesgericht, in seiner soliden Repräsentativität passender Nachnutzer des für die einstige Preußische Landesregierung errichteten Gebäudes, seinen Platz hat.

Jedermann, der den im Volksmund wegen seines Ziegelwerks so genannten „Roten Elefanten" betritt, muss an einem Gehenkten vorbei. Dem „Gehenkten". Die von dem Worpsweder Künstler Waldemar Otto geschaffene Skulptur, bei ihrer Aufstellung 1993 ordentlich umstritten, erinnert an die Opfer der nationalsozialistischen Willkürjustiz. Vom Lustgarten zum Mahnmal, so kann's gehen.

Im Skulpturenpark des Bibelzentrums: „Jakobs Palast" von der Bildhauerin Birgit Knappe

Östlich dieses Gartens auf einer in die Schlei vordrängenden Halbinsel ließ der kunstsinnige Gottorfer Herzog Friedrich III. (1597–1659) ein Areal einrichten, das als „Alter Garten" bekannt wurde, heute freilich vollständig, auch mit dem Wikingturm, überbaut ist.

Damit war der Garten-Lust dieses Herrschers aber noch nicht Genüge getan. In den nördlichen Endmoränenhang hinter dem Schloss ließ er einen Terrassengarten nach italienischem Vorbild hineinfräsen, das „Neue Werk". Dieser erste Barockgarten Mitteleuropas war eine Sehenswürdigkeit ersten Ranges. Sein Bau begann 1637, mitten im Dreißigjährigen Krieg. Die dazugehörige botanische Sammlung umfasste mehr als 1000 Pflanzenarten. Sie wurden künstlerisch dokumentiert in dem „Gottorfer Codex", dessen vier Bände sich heute in Kopenhagen befinden. 400.000 Euro kostete die aufwändige Wieder-Herrichtung des von den Zeitläuften angegangenen Pflanzenbuchs.

Der Neuwerk-Garten war im 19. Jahrhundert, nach Jahrzehnten des Niedergangs, kaum noch vorhanden, er war, wie schon die beiden anderen Fürsten-Gärten, unsichtbar geworden. Seine Terrassen hatte man teilweise mit Erde aufgefüllt, da die preußische Garnison einen Reitplatz brauchte. So ähnlich wie aktuell immer mehr Gärten unter Schüttungen von Kieseln verschwinden. Weder Kraut noch Blume haben dann noch eine Chance, Licht einzufangen. Doch so brutal ließ sich das Schicksal des Gottorfer Barockgartens nicht besiegeln.

Musste schon seine Etablierung wie ein Wunder gewirkt haben, so darf dieses allemal für die Rückkehr des Neuwerks gelten. Da „Wunder" manchmal handfeste Hilfestellung brauchen, seien hier nur der damalige Ministerpräsident Peter Harry Carstensen (CDU) und sein Gottorfer Museumschef Prof. Dr. Herwig Guratzsch genannt. Nicht zu vergessen einige Pflanzenarten, die sich in die benachbarten Waldstücke geflüchtet hatten, dort, verwildert, aufgespürt werden konnten und so der Rekonstruktion des Barockgartens, die 2007 vorläufig abgeschlossen wurde, dienlich waren.

Gewiss gab es in der kleinen Residenz mit ihrem großen Schloss neben den geschilderten gärtnerischen Angebereien noch anderes Grün, zugehörig etwa den diversen Adels-Palais oder auch selbstbewussten Bürgerhäusern. Von diesen Gärten ist ebenso wenig erkennbar übrig wie von den Anlagen, die zu den vier Klöstern, die es in Schleswig gab, gehört haben dürften. Das waren: das Kloster St. Michaelis der Benediktiner, oberhalb der Stadt gelegen, das der Maria aus Magdala gewidmete Kloster der Dominikaner südlich der Altstadt, das unter dem Patrozinium des Hl. Paulus stehende Kloster der Franziskaner am östlichen Rand der Altstadt und das Benediktinerinnen-Kloster St. Johannis vor Schleswig auf dem Holm an der Schlei.

Einen schönen Nachklang der einstigen Naturnähe bieten in St. Johannis noch einige Gewächse im Innenhof: ein ausladender Nussbaum, ein Rebstock, eher dem biblischen Symbol verpflichtet als dem konkreten Genuss, mancherlei Rosensorten, ein Apfelbaum, dessen Früchte besser schmecken als ihr langweiliges Aussehen vermuten lässt und die im Herbst in einem Korb den Besuchern im Kreuzgang feilgeboten werden sowie ein halbes Schock Lilien. In ihrer reinweißen Version mögen sie an die Jungfräulichkeit der Muttergottes gemahnen.

Dieser kleine Garten im Innenhof von St. Johannis will nicht groß Eindruck machen, zumal er eigentlich ein Friedhof ist, in dessen Erde viele Klosterbewohnerinnen begraben wurden. Als „hortus conclusus", als verschlossener Garten, steht er, wie schon im Hohelied Salomos besungen, für das Paradies auf Erden, mit festen Mauern, die das Unheil der Welt fernhalten sollen. Das in so viele Sprachen übertragene Wort „Paradies" stammt aus dem Altpersischen, heißt dort so ähnlich wie „Pairidaeza" und bedeutet in der Tat „ummauerter Garten", was nachdenklich stimmen

(Abbildung oben rechts) Klassischer Kloster-Baum: die Eibe. Sie kann das höchste Alter aller Nadelbäume erreichen

kann: Erst die Begrenzung macht den Spaß aus?

Verschlossen, oder genauer: abgesperrt, ist der „hortulus", so seine richtigere Bezeichnung, übrigens auch noch heute, nur selten erobert ein kesser Tourist aus dem Kreuzgang den Innenhof. Und auch in den Pausen von Konzerten, wenn die Priörin die Absperrungen hinter den Türen geöffnet hat, bewegen sich die Besucher eher scheu. Als ob sie davon wüssten, dass sie mit ihrem Weinglas in der Hand auf Gräbern stehen. Vielleicht ist es aber auch einfach die Magie dieses innersten Platzes, dieser leeren Mitte einer komplexen Anlage, die zu gedämpftem Verhalten einlädt.

Die Wurzeln klösterlicher Gartenkultur reichen zurück bis in die spätrömischen Landsitze und danach bis in die Frühzeit benediktinischer Klostergründungen im 6. Jahrhundert. Zuallererst musste ein Klostergarten nützlich sein – nicht nur der Ernährung, sondern mit seinen Kräutern auch der medizinischen Versorgung. Einen nachhaltig wirksamen Anstoß dazu gab das Regelwerk „Capitulare de villis", mit dem Kaiser Karl der Große (747 – 814) das Wirtschaften in seinen Landen ordnete, zugleich aber auch die Erfahrungen der frühen Klöster reflektierte. Im letzten Kapitel seiner in lateinischer Sprache gehaltenen Ansage sind 89 Heilkräuter aufgelistet. So empfahl das „Capitulare" zum Beispiel und gar nicht verkehrt Meerrettich gegen Rheuma, aber auch der Anbau von Obstbäumen wird beschrieben.

Bäume im und am Kloster bilden ein Kapitel von enger Freundschaft und gemeinschaftlichem Sinn. Jedes Kloster und allemal eines in seiner vollständig erhaltenen Form wie St. Johannis ist ja eine Art „Zeit-Speicher". Bauten und Räumlichkeiten bewahren, mehr als profane Altertümer, einen Bedeutungsüberschuss aus alten Tagen, der für viele spürbar ist – auch wenn diese Bedeutung nicht mehr gelebt wird. „Zeit" hat in einem Kloster einen anderen Sinn, schon weil sie „langsamer" zu vergehen scheint.

Und hier kommen die Bäume ins Spiel. Die vielen hohen Lindenbäume, vor der Einfahrt zu St. Johannis sogar zu einer Art Allee subordiniert, die mächtigen Rotbuchen, die Kastanien und nicht zuletzt die Eibe, doppelstämmiger Wachtposten an einem Fachwerkhaus aus dem 16. Jahrhundert. Auch diese Bäume haben, während sie emporwuchsen, Zeit gespeichert. Deswegen sind langlebige Bäume, so hat der Publizist Wolf Jobst Siedler (1926 – 2013) notiert, „religiösen Geschmacks", ein „Sinnbild des Beständigen".

Sie demonstrieren „aristokratische Verachtung für den Augenblick", passen also gut in Zusammenhänge, die das Gestern lebendig halten, etwa in die Parks von Herrenhäusern oder auf ein Kloster-Gelände. Aber nie, weiß Siedler, niemals auf die Paradeplätze des Militärs oder gar die Aufmarsch-Arenen von Autokraten. „Bäume ballen keine Fäuste", hat Pastor Dietrich Heyde, eng verbunden mit dem St. Johannis-Kloster und der Fischersiedlung auf dem Holm, diese Erkenntnis in seinem schönen gleichnamigen Büchlein genannt. Heyde ist sich sicher: „Bäume sind gerne alt."

Auf einen Baum trifft diese Einschätzung ganz bestimmt zu: die Eibe. Er ist ein klassischer Kloster-Baum, denn die vergehende Zeit hat ihn noch nie interessiert. Die Eibe wächst maximal drei Zentimeter pro Jahr, kann aber mit 3.000 Jahren das höchste Alter aller heimischen Nadelbäume erreichen. Basis dieses Methusalem-Syndroms ist, seit Darwins Erkenntnissen, die extreme Anpassungsfähigkeit des taxus baccata. Ob Schatten oder Sonne, Feuchte oder Dürre, ob Sand- oder Humusboden, das Wurzelsystem der Eibe vermag nahezu überall Fuß zu fassen.

Kein Wunder, dass das feinringige, so harte wie elastische Holz dieses Baums seit altersher hochbegehrt ist. Viele Eibenwälder mussten ihr Leben lassen, damit Langbögen, Speere und Armbrüste, aber auch (etwa im Allgäu) Lauten aus den Stämmen hergestellt werden konnten. Wurde der Baum dabei „nur" verletzt, konnte und kann er größere Schäden aus eigener Kraft wieder heilen. Auch diese Fähigkeit beschert ihm einen sicheren Platz in dem Gesundheits-Kosmos der Klosterwelt.

Aber: Er bleibt ein rechter Mann, kernfest und auf die Dauer. Ist hochgiftig, nicht nur für Pferde, und findet sich häufig auf Friedhöfen. Zwei Eiben-Speere, die in Essex ausgegraben wurden, werden auf ein Alter von 150.000 Jahren datiert; sie gehören zu den ältesten hölzernen Artefakten überhaupt.

Uferzone: Das Haus der Priörin liegt unmittelbar an der Schlei

Vor der Einfahrt: Die Allee mit hohen Lindenbäumen an der Klostermauer

Methusalem: Fachwerkhaus aus dem 16. Jh. (links), rechts Teile des Südflügels

Wie schön, dass das St. Johannis-Kloster auch noch große Bäume beherbergt, deren nun aber allseits bekannter Symbolgehalt für genau das Entgegengesetzte steht. Die Linde mit ihren herzförmigen Blättern, ihrem weichen Rauschen und ihrer beschützenden Art signalisiert Heimat, Geborgensein und Mütterlichkeit. Sie gilt als der Baum des Volkes. Unter ihrer Krone – um die 1.900 Äste zieren die wohl älteste deutsche Linde im osthessischen Schenklengsfeld – wurde Recht gesprochen und ausgelassen gefeiert. An die 850 Ortsnamen sollen sich von dem Wort herleiten, darunter auch „Leipzig" von dem sorbischen „Lipsk". Und in der thüringischen Stadt Niederdorla, dem topografischen Mittelpunkt Deutschlands, wächst seit 1991 als Zeichen der Einheit eine Kaiserlinde.

Manchmal allerdings zeigt das „lignum sacrum", das „heilige Holz", aus dem viele christliche Figuren, etwa an Tilman Riemenschneiders Marienaltar in Creglingen, geschnitzt wurden, … zeigt die Linde auch ihre launische, ja, ihre tödliche Seite. Dem Drachentöter Siegfried klebt sie eins ihrer Blätter zwischen die Schultern und weil das Drachenblut dort fehlt, ist der Recke genau an dieser Stelle verwundbar. Goethes „Werther" möchte nach seinem Selbstmord auf dem Kirchhof unter zwei Linden „hinten in der Ecke nach dem Felde zu" ruhen. Thomas Manns Figur Hans Castorp, im Roman „Der Zauberberg" geradezu verliebt in das Lied „Der Lindenbaum" des romantischen Dichters Wilhelm Müller, taumelt mit dessen Versen auf den Lippen über das Schlachtfeld dem Untergang entgegen.

Aber das Lied selber? Was macht ein kleines Kunstlied über einen Lindenbaum zu solch einem Katalysator von tödlichen Stimmungen? Die Antwort kann nur lauten: Franz Schuberts Vertonung in seiner genialen Nähe von Text und Melodie, zum Volkslied geworden durch den Komponisten Friedrich Silcher. Was aber die wenigsten der unzähligen „Lindenbaum"-Anhänger

Alt trifft Neu: Das Klostergelände grenzt unmittelbar an das Neubaugebiet auf der „Freiheit“

wahrnehmen, sie aber gleichwohl dunkel umspinnt, das ist die Todesverlockung („Komm her zu mir Geselle, hier findest du deine Ruh!“), die Wilhelm Müllers Text ausspricht und der sich unser Wanderer nur mühsam („Der Hut flog mir vom Kopfe, ich wendete mich nicht“) entziehen kann. In dem wundersamen Amalgam zwischen Geborgenheit und Tod findet sich die eigentliche Attraktion des Lindenbaums, auch seiner hoch aufragenden klösterlichen Versionen. „Vor dem Tore“ jedenfalls (von Schleswig) stehen sie schon mal. Der berühmte englische Liedsänger Ian Bostridge hat in seinem schönen Buch „Schuberts Winterreise“ diese Tiefenschichten erforscht.

Eine sichere Antwort auf die vergleichsweise einfache Frage, wo denn nun auf dem Gelände von St. Johannis der historische Klostergarten, zur Zier wie zum Nutzen der frommen Frauen, angesiedelt war, lässt sich nicht geben. Die am meisten geschützte Lage jedenfalls ist der Westen, Richtung Fischersiedlung und Stadt, vielleicht dort, wo sich jetzt Bibelgarten und Skulpturenpark des Bibelzentrums befinden. So geht es mit den Gärten: Sie sind leicht zu planieren. Auch die drei anderen späteren Stifte der Konventualinnen in Preetz, Uetersen und Itzehoe haben ihre ursprünglichen Gärten verloren. Uetersen allerdings weist einen staunenswerten Ersatz auf: Rings um den Mühlenteich des Klosters erstreckt sich das „Rosarium“ der Stadt mit seinen mehr als 900 verschiedenen Rosensorten.

An einem frühen Morgen sitzen auf dem westlichen Dachfirst des St. Johannis-Klosters nunmehr drei Rabenvögel. Die beiden bekannten alten, die immer noch eng ihr Kloster bewachen und sich dazu krächzend vernehmen lassen. Und ein etwas kleinerer. Er hält wohlweislich den Schnabel und hat sich in deutlichem Abstand zu dem Duo niedergelassen. Vielleicht wird er deshalb geduldet, weil er aus der Brut vom letzten Jahr stammt.

UND
DER HERR
SPRACH
UND DER
JONA AUS
JONA

Im Boden des Skulpturenparks verankert: Die Geschichte von Jonas Errettung

ZEIT

EIN ORT DER LANGEN WEILE

Zu Besuch in der zeitlosen Kloster-Zeit

Hier steht die Zeit still: Früher Wirtschaftsgebäude, heute überwiegend Wohnhaus

„Denk daran: Zeit ist Geld!“ Diese Devise des amerikanischen Kerzenmacher-Sohns und nachmaligen Staatsmannes Benjamin Franklin (1706–1790) gilt – auch wenn Franklin seinen Ratschlag „für einen jungen Handelsmann“ dann noch moralisch unterfüttert hat – als Kennzeichen für das hässliche Gesicht einer streng kapitalistischen Wirtschaftsordnung. Für Lärm, Hektik, Gewinnsucht und die Ausbeutung von Ressourcen.

Wenige Jahre später ist aus Franklins markanter Erkenntnis bereits Realität geworden. Treffender als von Wilhelm Heinrich Wackenroder (1773–1798) in seinem „wunderbaren morgenländischen Märchen von einem nackten Heiligen“, der Romantiker Wackenroder starb mit 25 Jahren an Typhus, lässt sich das reibungslose Funktionieren zwischen Mensch und Maschine kaum beschreiben: Sein „nackter Heiliger“ muss ein „ungeheures Rad“ ständig in Bewegung halten, „damit die Zeit ja nicht in Gefahr komme, nur einen Augenblick stillzustehn“. Zu pausieren. Sich zu besinnen.

Etwa im St. Johannis-Kloster vor Schleswig. Seit seiner Gründung im 13. Jahrhundert werden Besucher wie Bewohner wie auch schon die einstigen „sorores“, die Ordens-Schwestern mit einem anderen Verständnis von „Zeit“ konfrontiert als dieses außerhalb der Klostermauern vorherrscht. Hier hat, mit dem biblischen Prediger, „ein Jegliches seine Zeit".

Bei den Benediktinerinnen liegt dieses sowieso nahe. Sie teilen sich ihren Tag anders ein als „die geschäftge Welt" (Eichendorff) da draußen. Entsprechend der „Weisung (ihres) Meisters", des Hl. Benedikt von Nursia, versammeln sie sich innerhalb von 24 Stunden sechs Mal zum gemeinsamen Gebet, halten also sechs Mal das Rad der Zeit an. Auch nach der Reformation haben die Konventualinnen diesen Rhythmus noch eine Zeit lang beibehalten.

Davon ist nichts geblieben.

Dennoch. Wer heute als Besucher das Kloster-Areal betritt, muss sich mit einem ganzen Repertoire jedenfalls der Verlangsamung von „Zeit" auseinandersetzen. Dessen Wirksamkeit beginnt schon bei der Annäherung – meist über den Stadtteil Holm. Das kann dauern. Dann kommt der dunkle Linden-Tunnel, begleitet von der mächtigen, uneinnehmbar scheinenden Klostermauer. Der Eingang ist frei, aber der aufmerksame Beobachter erkennt die massiven Angeln links und rechts in den Pfosten, in denen früher eine starke Absperrung gehangen haben muss. Wohl wahr. Abends wurde das Tor geschlossen, am Morgen wieder geöffnet. So kann, angeregt durch die leeren Angeln, die Vorstellung von einem unüberwindbaren „claustrum" stärker wirken, als wäre das Tor noch vorhanden: Knarzend, langsam, geradezu unwillig öffnet sich das Gelände.

Jetzt hat man den Kloster-Bezirk betreten. Doch auch die weitere Annäherung bleibt mühsam. Zum „Bibelzentrum" rechter Hand, dem ehemaligen Probstenhaus, das sich über jeden nachfragenden Besucher freut, müsste man etliche Treppenstufen erklimmen, wer macht das schon. Die Kirche auf der linken Seite,

Gewundener Weg: Nonnen auf dem Aufgang zur Kirchen-Empore (nachgestellte Szene)

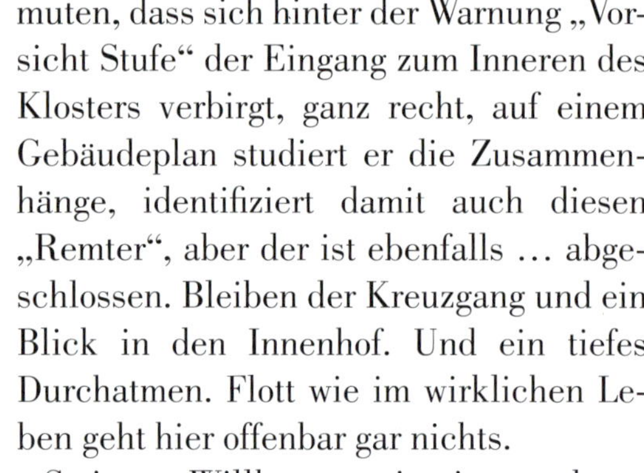

Trutziges Tor: Über Nacht wurde der Eingang zum Kloster geschlossen

Ausgetreten: Die Treppenstufen des früheren Probstenhauses

Haupt-„Attraktion“ des Klosters, ist verschlossen, wie man gleich bemerkt hat. Weiter, weiter über das incommode Kopfsteinpflaster, ausgefahren wie eine rumplige Dorfstraße in den 1950er Jahren.

Hinten auf dem Gelände fällt das Hinweisschild „Remter“ auf. Der Besucher folgt dem Schild, häufig ohne recht zu wissen, was „Remter“ bedeutet, er will vermuten, dass sich hinter der Warnung „Vorsicht Stufe“ der Eingang zum Inneren des Klosters verbirgt, ganz recht, auf einem Gebäudeplan studiert er die Zusammenhänge, identifiziert damit auch diesen „Remter“, aber der ist ebenfalls … abgeschlossen. Bleiben der Kreuzgang und ein Blick in den Innenhof. Und ein tiefes Durchatmen. Flott wie im wirklichen Leben geht hier offenbar gar nichts.

So ist es. Willkommen in einer anderen Zeit. In der „staden“ Zeit, wie man in Bayern sagt (auch wenn sich das eigentlich auf den Advent oder die Zeit „zwischen den Jahren“ bezieht), der stillen, vielleicht sogar der still stehenden Zeit. Wenn dann noch um ein Uhr nachmittags die Glocke am Kirchturm von St. Johannis ihre Schläge so intoniert, als sei es gerade 12 Uhr, dann, ja dann kann der gebildete Besucher nur noch bei Theodor Fontanes Roman „Der Stechlin“ Zuflucht nehmen. In einer Szene, bei der Annäherung an das kleine Kloster Wutz tief im Brandenburgischen, erklingt die Zeitangabe ebenfalls mit Verzögerung und die bündige Erkenntnis lässt nicht lange auf sich warten: „Das ist die Klosteruhr“, sagte Czako. –„Warum?“ – „Weil sie nachschlägt; alle Klosteruhren gehen nach. Natürlich."

Sie dürfen, eigentlich müssen sie nachgehen. Natürlich. Signalisieren sie doch damit diese spezielle klösterliche Zeitrechnung. Ähnlich wie die Sanduhr auf der Kanzel in der Kirche; sie ist nur der Schwerkraft, nicht etwa dem Gehalt einer Predigt verpflichtet. Ähnlich die Maueranker an der Ost- und der Westfassade der Klosterkirche: ein Jahresdatum und dazu die nur für Eingeweihte rekonstruierbare Abkürzung eines Namens, wie Brandzeichen in den Flanken des wertvollen Gebäudes. Ähnlich die Natur mit ihren vielen alten Bäumen auf dem Gelände. Mit ihrer eingekapselten, der Soziologe Hartmut Rosa würde vielleicht sagen: unverfügbaren Zeit.

Die Zeit im Adeligen St. Johannis-Kloster vor Schleswig ist zyklisch angelegt. Der Kulturwissenschaftler Rüdiger Safranski nennt sie eine „organische Zeit". Das meint: Sie orientiert sich nicht oder weniger an einzelnen Personen – auch wenn sich etwa die Priörinnen mit ihren Wappen in der Kirche wie im Remter ordentlich bemerkbar machen, aber mehr wegen ihrer Familien-Zugehörigkeit denn als Individuum. Sie orientiert sich am Tagesablauf, an den Jahreszeiten und an der Einbettung in Anfang und Ende eines Menschenlebens.

Zwar ist es so: Zyklische Zeit ist „anachronistisch", wie das Kloster selber. Sie führt uns zurück in das Gefüge agrarischer oder gar vor-agrarischer Gesellschaften, deren Überleben vom rechten Umgang mit den Jahreszeiten abhängig war. Auch die Existenz von St. Johannis hing jahrzehntelang an den guten Erträgnissen aus seinen landwirtschaftlichen Besitzungen – bis diese Ende des 19. Jahrhunderts auf einen Schlag verkauft wurden. Andererseits, um noch einmal Safranski zu zitieren, „dämpft

Mahnung an den Prediger: Die Sanduhr auf der Kanzel der Kirche

Wie Brandzeichen: Maueranker in der Ost-Fassade (oben) und an der Westseite (rechts unten) der Kirche

der Zyklus das mögliche Grauen vor einer endlosen Linearität“. Vor dem schnellen Wechsel der Themen. Vor der Dominanz der sogenannten „Aktualität“.

Was auf viele so verwirrend wirkt, ist ein Paradox, das sich nur schwer auflösen lässt. Einerseits hatten die Menschen vermutlich noch nie so viel Freizeit wie heute, weit mehr als drei Stunden im Durchschnitt am Tag. Andererseits geben fast 90 Prozent der Deutschen an, immer wieder bis hin zum Burn-out gestresst zu sein. Wie kann das angehen? Peter Borscheid, Professor für Sozial- und Wirtschaftsgeschichte, kennt die Antwort: Die zusätzliche Freizeit wird nicht etwa zur gelassenen Muße verwendet, sondern zur Verdichtung von Aktivitäten, zur „Vergleichzeitigung“. Aus Angst vor Langeweile stürzt man sich kopfüber ins Kurzweilige – und schlägt dabei häufig genug hart auf.

Das Kloster St. Johannis dagegen war immer schon ein Ort der langen Weile, ein angst-reduzierter Raum. Früher milderte Gottvertrauen die Sorgen der Bewohner

Die Westseite der Kirche:
Mit Glocken und dem Ziffernblatt der Uhr

Komplizierte Mechanik:
Das Laufwerk der Uhr

und Besucher. Heute ist es deren Eindruck, die in St. Johannis erkennbar manifestierte historische Zeit crlaube auch mehr eigene, mehr souverän gehandhabte Zeit. Ein erstaunlicher Vorgang. Geschichte und Gegenwart werden eins.

Wie sonst hätte dieser Flecken Sand eingeengt zwischen einem recht unheimeligen, moorigen Gewässer, dem Holmer Noor, und dem Becken der Schlei, die bei Sturm richtig grantig werden kann, … wie sonst hätte St. Johannis als einziges der vier Schleswiger Klöster und als einziges der vier reformierten Klöster in der Hand der Schleswig-Hosteinischen Ritterschaft so mannigfache Unglücke und Feuersbrünste, Kriege und andere Wirren nahezu unbeschädigt an Leib und Seele überstehen können?

Gute Tradition: Priörin Henny v. Schiller ließ 1999 das Ziffernblatt der Uhr erneuern – mit ihrem Namen

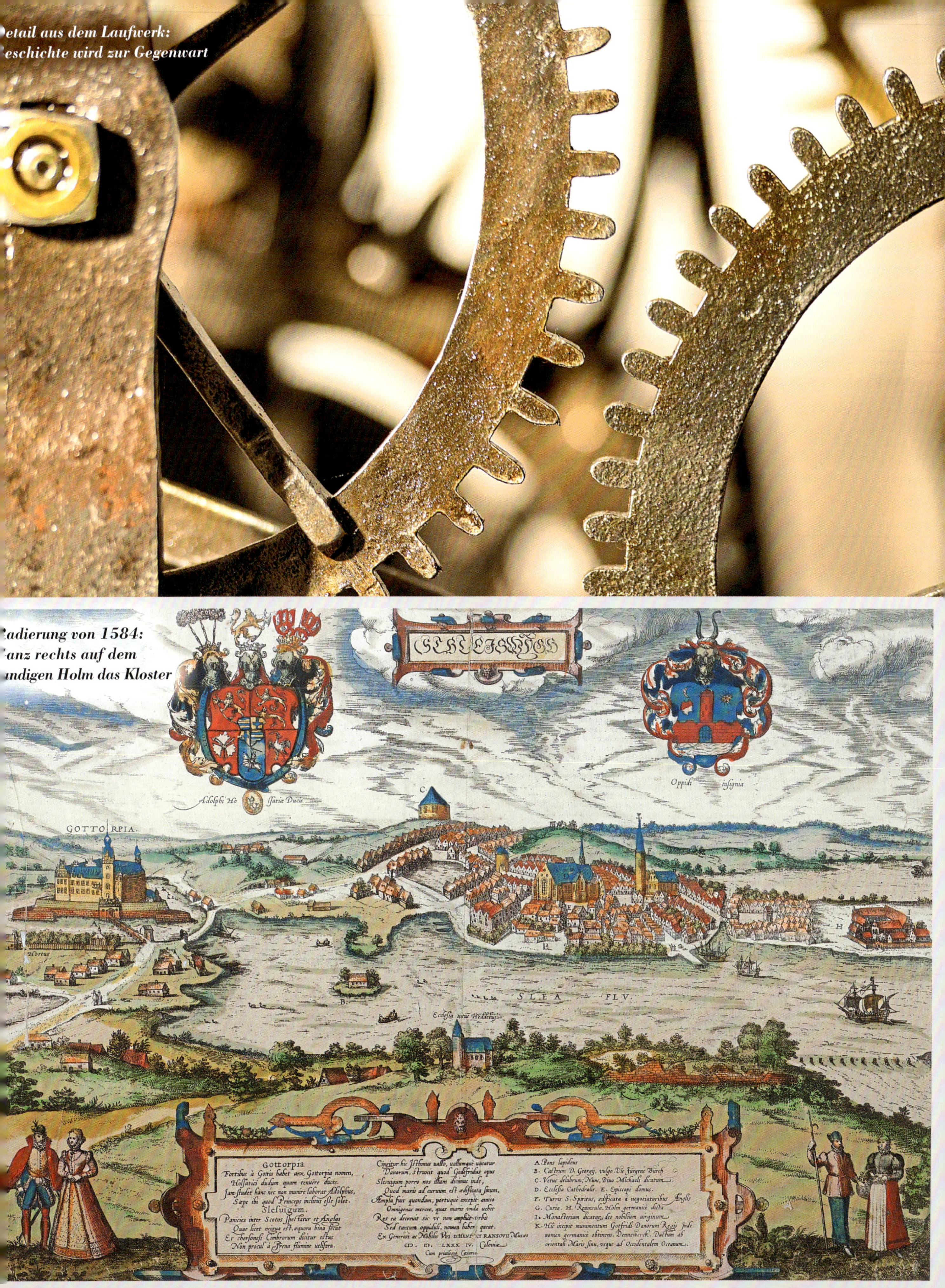

etail aus dem Laufwerk:
eschichte wird zur Gegenwart

adierung von 1584:
anz rechts auf dem
ndigen Holm das Kloster

DER UNBEQUEME KLOSTER-PATRON

Johannes der Täufer und seine Namensvettern

Dies ist die Geschichte von dem Mann, der seinen Kopf verlor.

Und der darob zu einem weithin verehrten Heiligen wurde. Die Rede ist von einem Rufer und Mahner und von einem Prediger, der auch gegenüber der Obrigkeit den Klartext nicht scheute. Die Rede ist von Johannes, dem Täufer. Der hagere, obdachlose, halb bekleidete Wüstenbewohner aus der Wende aller Zeiten – er ist der Schutzpatron dieses Klosters. Zusammen mit dem später hinzugefügten, „seriöseren" Evangelisten Johannes, seinem Compatron, dessen Auftritt flugs zu anderen großen Johannes-Figuren führt: zu Johannes, dem Apostel, Johannes dem Briefeschreiber, zu Johannes, dem Autor der „Offenbarung" und auch zu dem „Priesterkönig" Johannes.

Zunächst aber der Täufer. Hohe Stirn, gewelltes Haupthaar, tiefe Augenhöhlen, starke Jochbögen, volle Lippen und ein gekräuselter, langer Bart nach Art orientalischer Würdenträger: So zeigt sich der abgeschlagene, fast lebensgroße, bemalte Kopf des Täufers auf einer Schale, die im Kapitelsaal des Klosters verwahrt wird. Ein denkwürdiges Stück Eichenholz, um 1400 gefertigt. Was heute leicht gruselig anmutet, war im Mittelalter Ausdruck grassierender Johannes-Verehrung: Schale und Kopf hatten, so vermuten Kunsthistoriker, ihren Auftritt als Requisit in geistlichen Spiel-Szenen aus dem Leben des Predigers. „Johannes-Schüsseln" waren weit verbreitet. In Hospitälern sollen sie zur Linderung von Kopfschmerzen appliziert worden sein.

Der „echte" Schädel des Heiligen war als Reliquie der Reliquien über solche Trivialität weit erhaben. Kein Wunder, dass gleich mehrere Kirchen und Städte seine Aufbewahrung für sich reklamieren. Istanbul etwa oder das einst großartige Homs (in Syrien), die Kathedrale von Amiens sowie San Silvestro in Capite in Rom. Und dann die Umayyaden-Moschee in Damaskus, eine der ältesten der Welt. Schon als auf dem riesigen Gelände noch eine christliche Basilika stand, die wiederum auf einem römischen Tempel fußte, hatte man diese dem Johannes geweiht – die Muslime übernahmen die Zuschreibung an den ihnen vertrauten Propheten. Im Innenraum gab es einen glas-bewehrten Schrein, vom strahlend grünen Licht des Islam angefüllt, und darin behauptet sich „Yahia" (arabisch für Johannes). Papst Johannes Paul II. hat hier bei seinem Besuch in Syrien gebetet. Heute liegt die Moschee in Trümmern.

Die Lebensgeschichte von Johannes beginnt, in der Überlieferung des Evangelisten Lukas, nachbarschaftlich. Geradezu possierlich. Maria ist schwanger und besucht die mit ihr verwandte hochbetagte Elisabeth, die Frau des Tempelpriesters Zacharias, ebenfalls schwanger. In der Bibel steht: „Als Elisabeth den Gruß Marias hörte, hüpfte das Kind in ihrem Leibe". Als ob der ungeborene Jesus den ebenfalls ungeborenen Johannes, der Name bedeutet, apropos hochbetagt, soviel wie „Gott hat sich erbarmt", freudig begrüßen würde.

An einem 24. Juni, Pendant zum 24. Dezember, Jesu Geburtsdatum, wird Johannes geboren. Wenige Tage vor diesem Datum gibt es die kürzeste Nacht und den längsten Tag des Jahres. Besonders im nordeuropäischen Brauchtum wird nicht von ungefähr am 24. Juni mit „Johannisfeuern" die Sommersonnenwende gefeiert – eigentlich ein heidnisches Ritual. Deswegen versuchte die Kirche lange Zeit, die missliebige Tradition abzuschaffen. Vergeblich. Schon im 5. Jahrhundert fällt Johannes' Geburtsdatum mit der Feier des Lichts zusammen. Am Johannis-Tag sind dem Heiligen – der einzige, dessen Geburtstag gefeiert wird – gleich zwei Messtexte gewidmet, auch die Nonnen des St. Johannis-Klosters werden das so praktiziert haben.

Seither sind die Lebensläufe von Johannes und Jesus miteinander verwoben. Auch in der Kunst werden sie so dargestellt: der Johannes-Knabe zusammen mit dem Jesus-Kind unter der Obhut der Mutter Gottes. Leonardo und Raffael haben zum Beispiel diese Idylle gemalt, aber auch der „Gottorpsche Hofkünstler" Jürgen Ovens (1632–1678). Sein hochbarock umrahmtes Bild, „Blaue Madonna" genannt wegen Marias so blauem Gewand, ist im Schleswiger Dom St.Petri zu sehen.

Nach dem bemerkenswerten Auftritt im Mutterleib und danach als meist pummelig dargestelltes Kleinkind taucht eine große Lücke in Johannes' Biographie auf. Bei Lukas heißt es nur, die Jahre als Heranwachsender habe er „in der Wüste" verbracht. Darunter darf man sich weniger eine klassische Sandwüste vom Typ „Sahara" vorstellen, als vielmehr, kennzeich-

Ausdruck der Verehrung: Die „Johannes-Schüssel" mit dem Kopf des Täufers aus Eichenholz

Keller unter dem Remter: ein karger, eindringlicher Ort. Er ist nicht öffentlich zugänglich

nend für die Landschaft östlich des Jordan-Grabens, eine steinige, grau-gelbe Wüsten-Steppe mit karger Vegetation. Voller Gefahren, kochender Hitze und – totaler Stille. Wer so etwas einmal erlebt hat, weiß um die Erfahrung von Grenzen. Und er ist nicht mehr davon überrascht, dass alle drei Schrift-Religionen in der Wüste geboren wurden.

Ob Johannes in den Felsen oberhalb des Toten Meeres, der tiefsten Stelle auf Erden, in die der Jordan mündet, die Gemeinschaft der Essener – eine streng gläubige Variante des Judentums – besucht hat und deren Lehren vielleicht sogar assimilierte, überlässt man besser den Historikern. Sicher ist jedoch, dass sich einige Texte aus den Schriftrollen der Essener, deren Bruchstücke zwischen 1947 und 1956 in eben jener Felsformation gefunden wurden, mit dem Neuen Testament berühren. „Qumran", so heißt die Gegend, ist seither ein magisches Wort für alle Bibelforscher.

Johannes wird Anfang 30 gewesen sein, als er sich aufmacht, um am östlichen Ufer des Jordan, wohl dort, wo eine Furt die Querung des Flusses zulässt, zu taufen und zu predigen. Bald schon mit großem Erfolg. Jerusalem ist nicht weit, die Menschen

strömen ihm zu. Johannes tauft viele von ihnen, er fordert sie auf, Buße zu tun, „denn das Reich der Himmel ist nahe" und er verweist auf den „Messias", den Gesalbten, den wahren König (der Begriff „Christus" hat die gleiche Bedeutung), der schon bald für Gerechtigkeit sorgen werde. Das klingt wie eine vage Ankündigung, ist es aber nicht. Johannes droht der Menge, die ihn umringt: „Es ist schon die Axt den Bäumen an die Wurzel gelegt!" Und er fordert: „Wer zwei Hemden hat, der gebe dem, der keines hat!" Selbst die Soldaten schließt er in seine Standpauke ein: „Tut niemandem Gewalt an noch Unrecht!"

Eines Tages taucht ein junger Mann, der sich Jesus nennt und aus Nazareth stammt, in seiner Fan-Gemeinde auf. Als bei dessen Taufe, die den Probanden tief in das Flusswasser senkt, aus dem Wüstenhimmel die Worte zu hören sind „Das ist mein lieber Sohn, an dem ich Wohlgefallen habe", weiß Johannes: Er hat mit dem von ihm so erwartungsvoll angekündigten „Messias" zu tun. Dem „Christus". Viel länger konnte denn auch der Zeigefinger, mit dem der Täufer in der Version des Malers Matthias Grünewald (1480–1530) auf den späterhin Gekreuzigten verweist, nicht ausfallen. Die gleiche Geste hat Leonardo in seinem Johannes-Porträt festgehalten, aber sanfter, geradezu androgyn. Bezogen auf den Täufer oder auf Jesus Christus? Noch hat der Meister nicht damit begonnen, zu heilen und zu predigen. Aus dem Blickfeld des asketischen Täufers ist er schnell und für immer verschwunden, auch wenn die Taufe ein zentrales Element des Christentums bleibt. Erst in ihrem Tod begegnen sich die Kindheits-Gespielen wieder: Beide sterben für ihre Überzeugungen.

Der Publikumserfolg des Bußpredigers, aber auch dessen Aufforderung zu einem recht gelebten Alltag, waren dem Herrscher der Region, Herodes Antipas, seit langem ein Dorn im Auge. Als Johannes sich nicht scheut, sogar die Eheschließung des bereits Verheirateten mit seiner Schwägerin Herodias zu kritisieren, lässt der ihn ins Gefängnis werfen. Auf der Festung Machaerus am Toten Meer, einem wahrhaft trostlosen Flecken, muss Johannes im Kerker schmoren. Danach setzt die Legende ein: Bei einer Geburtstagsfeier des Herodes führt die Tochter von Herodias einen Tanz auf, der den nahöstlichen Macho anmacht und verzückt zur Tänzerin sagen lässt: „Um was du mich auch bitten wirst, ich werde es dir geben!" Die junge Frau fragt ihre Mutter Herodias, was sie sich wünschen solle und die empfiehlt: den Kopf von Johannes.

Erst einige 100 Jahre später findet sich der Name „Salome“ in einer mönchischen Johannes-Fabel. Er bedeutet im Hebräischen „die Friedfertige“. Auch auf den vielen Darstellungen des spektakulären Vorgangs, etwa durch den Maler Caravaggio (1571–1610), wirkt „Salome“ keineswegs tatenfroh und blutrünstig, sondern eher friedlich, nahezu unbeteiligt. Gleichwohl oder gerade dadurch wurde sie zum Symbol des Ineinanders von weiblicher Erotik und Grausamkeit.

Johannes gehört zu den denkwürdigen Gestalten, die erst sterben müssen um zu leben. Nach seinem Tod startete der Täufer zu einer weltweiten Karriere. Unmöglich, alle Klöster – außer St. Johannis vor Schleswig – und Kirchen aufzuzählen, die dem schwer durchschaubaren Mann aus der Wüste geweiht wurden. Oder die Vornamen, die aus dem hebräischen „Jochanan“ entstanden sind. Natürlich Hans, Jean, John, Iwan und Giovanni. Aber auch Yannick (bretonisch), Seán (irisch), Janis (lettisch) oder Yo-van (tamilisch). In der Heraldik ist der Johannes-Kopf ein vielfach verwendetes Requisit; der Klosterorden von 1761, den sich die Priörin bei wichtigen Terminen anheftet und der den Stiftsdamen („Konventualinnen“) bei der Einführung verliehen wird, weist einen zierlich-goldenen Johannes-Kopf auf. Nicht zuletzt indizieren die Patronate, die einem Heiligen zugeschrieben werden, dessen Popularität. Bei Johannes sind sie weit gespannt. Der Täufer ist nicht nur Patron von Jordanien und von Florenz, sondern auch so handfester Berufe wie Steinmetz und Schmied, zudem der Restauratoren und Tänzer – Salome zeigt Wirkung. Sie ist in allen Medien bis hin zu einer mexikanischen Fernsehserie immer wieder interpretiert worden, meist eindeutig in Richtung „femme fatale“.

Der biblische Name Johannes dagegen besitzt, abgesehen vom Täufer, noch weitere, ganz unterschiedliche Akzentuierungen. Da gibt es den Apostel Johannes, einen von zwölf, aber eben den, „den Jesus liebte“. Als einziger der Jünger harrte er, zusammen mit Jesu Mutter, bei dem Gekreuzigten aus. Dann gibt es den Hauptautoren des anspruchsvollen Johannes-Evangeliums mit seinen donnernden, magischen Anfangszeilen „Im Anfang war das Wort und das Wort war bei Gott“. Zum Dritten den Schreiber der drei neutestamentlichen Johannes-Briefe. Und schließlich den Mann Johannes, den in der griechischen Ägäis eine „Offenbarung“ überkam und der diese bildgewaltige „Apokalypse“ festhielt, nachzulesen im letzten Buch der Bibel.

Auf der kleinen Insel Patmos soll das geschehen sein, Johannes war nach eigenen Angaben dorthin verbannt worden. Seither ist das Eiland mit seinen gerade einmal 34 Quadratkilometern spirituell reichlich aufgeladen, um die 400 Kirchen, so kann man lesen, gibt es dort, das berühmte Johannes-Kloster von 1088 thront über der kargen Landschaft. Nicht von ungefähr hatte der gott-suchende Verleger Axel Cäsar Springer (1912–1985) hier eines seiner Häuser. Dem Johannes-Ort pflegte er sich per Hubschrauber zu nähern, landete, so hört man, auf dem Marktplatz der Hafenstadt Skála und fegte Staubwolken in die Gläser der Restaurantbesucher. Auch eine Art von Apokalypse.

Eine Zeit lang galten in der Bibel-Forschung alle vier Johannes-Varianten als eine Person. Das ist inzwischen stark umstritten. Auf ein Problem allerdings dürften die Wissenschaftler eine einhellige Antwort parat haben: auf den „Priesterkö-

„Im Anfang war das Wort": Ein Kodex (Reproduktion) im Bibelzentrum

nig Johannes". „Priesterkönig"? Ein mächtiger christlicher Herrscher östlich von Persien, jenseits von Indien? Das war und ist ein Mythos. Doch da auch „fake news" ihre Wirksamkeit entfalten können, mag diese Fiktion ebenfalls die überzeitliche Strahlkraft der Figur „Johannes", des Patrons des Benediktinerinnen-Klosters vor Schleswig, belegen.

Um die Mitte des 12. Jahrhunderts war ein angeblich persönlich verfasster Brief des „Priesterkönigs" aufgetaucht, gerichtet an den Papst und an den Kaiser. Darin versprach der „Herrscher" über ein prachtvoll ausgestattetes Reich den Kreuzfahrern die Hilfe seiner ungeheuer zahlreichen Armee beim Kampf gegen die Muslime. Das Angebot schien verlockend zu sein, Dutzende Male wurde der Brief in den Klöstern abgeschrieben. Kundschafter und Expeditionen wurden ausgesandt, um den Kontakt zu vertiefen, 1221 hieß es in einem Brief des Bischofs von Akkon, einem zentralen Standort des „Ordens vom Hospital des Heiligen Johannes zu Jerusalem" („Johanniter") an der Küste von Palästina, die Ankunft des mächtigen Verbündeten stehe kurz bevor. Das wäre hilfreich gewesen. Aber es war eine Verwechslung: Das riesige Heer im Anmarsch aus der Tiefe Asiens, das waren nicht die Männer des Priesterkönigs, sondern die Mannen von Dschingis Khan.

1291 fiel die Johanniter-Festung Akkon, das Heilige Land ging für die Kreuzfahrer endgültig verloren. Die Ordensgemeinschaft verlegte ihren Sitz zunächst nach Zypern, dann nach Rhodos und schließlich nach Malta, wo die nunmehr „Malteser" genannten Ritter noch heute residieren, ihr Regierungssitz ist Rom. 1538 entstand ein protestantischer Ableger des Ordens, unter der alten Bezeichnung „Johanniterorden". So sind zum guten Schluss die Malteser wie die Johanniter nach manchen Irrwegen zu ihrer ursprünglichen Aufgabe zurückgekehrt: der Versorgung von Kranken, Bedürftigen und Versehrten. Und zu ihrem Vorbild und Heiligen, der nun weiß Gott kein Kreuzritter war.

(Abbildung rechts) Der Kapitelsaal: Hier wird im „Priörinnenschrank" die „Johannes-Schüssel" aufbewahrt

Er verlor seinen Kopf ja nicht etwa 1187 in der Schlacht von Hattin oberhalb des Sees Genezareth, als die Kreuzritter von Sultan Saladin vernichtend geschlagen wurden. Ein Blutbad, nur vergleichbar der Eroberung Jerusalems durch die Europäer, etwa 100 Jahre zuvor. Sondern Johannes verlor seinen Kopf, weil er gegenüber den Mächtigen ethische Standards einforderte. Daran erinnert – eigentlich, und eigentlich noch heute – die Johannisschüssel im Kapitelsaal des Klosters. Nachdem St. Johannis im Zuge der Reformation protestantisch geworden war, hatten die Bewohnerinnen offenbar nur noch wenig für diese Bedeutung übrig. In einem Bericht über die Einführung einer neuen Konventualin von 1743 wird ausführlich deren Habit, genannt „Kapp und Klar", geschildert und auch der Kirchgang der „geistlichen Braut an ihrem solemnen Ehren-Tag". Danach habe man sich „zur Taffel gesetzet" und schließlich sei der Tag „mit einer galanten Kurtzweil geendigt".

Da die „Closter-Braut" sich gegen „den süssen Tod des heiligen Ehestandes … im Ehebette" entschieden habe, wurde ihr ersatzweise das hölzerne Johannes-Bild ins Bett „prakticiret". Um sie „gleichsam schertzweise mit dem Patronen und Schutz-Herren ihrer Residence zu vermählen und ihr eine kleine plaisanterie zu erwecken".

STEINE

WENN STEINE REDEN (KÖNNTEN)

Im Herzen des Klosters ruht ein unfertiger Taufstein

Wollte man Steine auf das Gelände des St. Johannis-Klosters transportieren, könnte man auch die berühmten Eulen nach Athen tragen. Denn Steine, Steine gibt es hier bereits zur Genüge, in jeder Art und Form. Als Kopfsteinpflaster, das den Weg im Gelände bis zum Refektorium („Remter") begleitet. Als bulliger, von Flechten überkrusteter Feldstein, der das Klosterland gegen die Schlei abschirmt. Als virtuos behauener Granitquader im Unterbau der Klosterkirche und zur Einrahmung ihres romanischen Westportals. Als vulkanischer Tuffstein, noch im Innern des alten Kirchturms erkennbar. Als Kalkstein aus Anröchte in Westfalen im Skulpturenpark des Bibelzentrums. Und dann vor allem als Backstein – Bodenbelag des Kreuzgangs und dominierendes Material für sämtliche Klosterbauten. Fast möchte man sagen: Dieses Kloster hat ein Herz aus Stein, was aber nur wortwörtlich stimmen soll.

Das alte Kirchenportal: Von mächtigen Granitquadern umsäumt

Denn wenn der Innenhof, vom Kreuzgang, dem „Schwahl", umgeben, die Mitte des ehemals sakralen Bezirks darstellt, so steht heute in dessen Mitte, und damit im „Herzen" des Klosters, ein mächtiger Stein aus Granit. Ein Taufstein, aber ein unfertiger. Er wurde 1982 bei Arbeiten an der Nordwand der Kirche eingemauert aufgefunden. Weit von der eigentlichen Funktion entfernt, sammelt sich bei Regen das Wasser in seiner schlichten Kuppa. Den Vögeln unter dem Himmel, von denen manche im Innenhof nisten, kommt diese Tränke zugute; einige von ihnen nehmen auch ein „Bad" in der Vertiefung. Dem Natur-Menschen Johannes als Patron des Klosters würde die Umwidmung der Taufe bestimmt gefallen haben.

Mit original Moränen-Geröll, also Feldsteinen, zu bauen, ist schwierig. Denn das naturwüchsige, häufig rundliche Material lässt sich durch Mörtel kaum einfangen. An den St. Johannis benachbarten Kir-

In der Mitte des ehemals sakralen Bezirks: Ein unfertiger Taufstein, aufgefunden in der Nordwand der Kirche

Leicht zu verarbeiten: Vulkanischer Tuffstein

Auf dem Weg bis zum Remter: Unebenes Kopfsteinpflaster

chen von Kosel (südlich der Schlei) und Ulsnis (nördlich) kann man die Problematik studieren. Da nahmen die Bauleute dann doch das nicht weniger mühsame Behauen der Findlinge zu Quadersteinen in Arbeit – häufig allerdings nur auf der Sichtseite. Auch die Oberfläche des Taufsteins im Innenhof des Klosters wurde vor seiner Zweitverwendung im Unterbau der Kirchenwand offenkundig geglättet.

Doch es gab noch eine andere Methode, das Mauerwerk, besonders an seinen kritischen Punkten, den Ecken, zu stabilisieren. Das ist die Kombination der Granitquader mit Backstein und mit Tuffstein. So wurde im Schleswiger Dom sowie in der bereits erwähnten Feldsteinkirche von Ulsnis der hilfreiche Tuff verbaut. Bei beiden Baustoffen hatte der Blick in die Geschichte gelehrt, das wiederzuentdecken, was längst zivilisatorische Errungenschaft gewesen war. Also etwa die Vorteile des Bauens mit dem Gestein, das als vulkanische Asche aus dem Bauch der Erde mit Rauch, Feuer und Donnergrollen vor Zeiten ausgespien worden war. Der letzte große Vulkanausbruch in der Eifel ist 13.000 Jahre her.

Nachdem schon die Kelten den Tuffstein nutzten, waren es die Römer, die mit dem Material – von lat. „tofus" – erstmals virtuos umzugehen verstanden. Kunststück! Schließlich ist die Stadt Rom auf Hügeln aus Tuff erbaut worden, ober- und unterirdisch: In die weichen Ascheschichten konnten die Christen ihre Begräbnisstätten („Katakomben") eingraben, manchmal mehrere Stockwerke übereinander. Aber auch viele oberirdische Bauten aus der Römerzeit enthielten Tuffsteine. So viele, dass durch die Plünderung römischer Ruinen neben dem Abbau des eigentlichen vulkanischen Gesteins eine neue Ressource für die begehrten Tuffsteine entstand: der „Römertuff".

Geheimnisvoll: Reste des vorklösterlichen Kirchenturms auf dem Dachboden

An die 50 Kirchen im dänischen Jütland und etwa 15 im Umfeld der deutschen Nordseeküste wurden im 12. Jahrhundert großen Teils aus Tuff errichtet. St. Nicolai in Hollingstedt – dem Nordseehafen Haithabus – gehört auch dazu. Tuff-Experte Karl-Heinz Schumacher schreibt in einer Publikation der Deutschen Vulkanologischen Gesellschaft, dass dabei „meist Römertuffe“ verbaut worden sind, also recycelte Materialien, auch „spolien“ (lat., eigentlich: Raubstücke) genannt und er bezieht ausdrücklich St. Johannis – genauer gesagt: deren Vorgängerin, die Pfarrkirche von ca. 1170, mit ein. Listige Frage: Sind „die Römer“ auf diesem Umweg also doch über die Elbe vorangekommen? Jedenfalls lassen sich etliche, sauber zugeschnittene Tuffsteine im Inneren des alten Kirchturms erkennen.

Nachteil dieses Baustoffs war sein Transportweg: lang, teuer und gefährlich. Nach dem Abbau im Riedener Becken/Osteifel wurde er zumeist in Andernach verschifft, vielleicht in Utrecht umgeladen und dann entlang der holländischen sowie ostfriesischen Küste, den Elbtrichter überquerend, die Dithmarscher und nordfriesische Küste hinauf an den Bestimmungsort geschippert. Um ins Schleswigsche zu gelangen, musste man dann noch die kurvenreiche Treene befahren, bevor die Tuffsteine schließlich in Hollingstedt auf ein Ochsengespann verladen werden konnten, um die jütische Landenge Richtung Schlei zu überwinden. Gewiss ging bei dieser Tour so manche Palette mit dem begehrten Material verloren.

Die Vorteile jedoch überwogen offenbar die Risiken. An erster Stelle zu nennen: Tuffstein ist vergleichsweise leicht, er lässt sich schnell und ohne große Mühe bearbeiten, zentimetergenau, sogar mit der Säge. Ein Mörtelproblem wie beim Granit gibt es nicht. Zudem dämmt er gut, er ist farb-, feuer- und wetterbeständig, hygienisch und atmungsaktiv. Kein Wunder, dass der allerdings etwas langweilig aussehende Alleskönner nicht nur bei den Kirchen an der Nordsee, sondern auch bei großen Bauprojekten zum Einsatz kam. Etwa bei dem alten Part des Kölner Rathauses und dann, Jahrhunderte später, der Kaiser-Wilhelm-Gedächtniskirche in Berlin oder dem Hamburger Hauptbahnhof.

Allerdings: Wenn Steine reden könnten, … dann wären dieses bestimmt Backsteine (die durchaus keine „Steine“ sind, aber so hart wie Stein sein können). Sie wären gewiss stolz darauf, der älteste Baustoff der Menschheit zu sein. Verwendet in den Mauern der alttestamentarischen Stadt Jericho (7.500 v.Chr.) am Westufer des Jordan. Im Zweistromland seit 6.300 v.Chr. mit dem „Ishtar-Tor“ als (auf der Berliner Museumsinsel) herausragend erhaltenem Zeugnis. Als Tonnengewölbe im „Hut-nethehu-em-renput“, dem „Haus der Millionen Jahre“, des ägyptischen Pharaos Ramses II. (303–1213 v.Chr.) in Luxor am Nil. Oder im 6. nachchristlichen Jahrhundert auf Befehl des oströmischen Kaisers Iustinian beim sensationellen Bau einer der größten und wagemutigsten Kuppeln der Architekturgeschichte für die Kirche der „Heiligen Weisheit“ („Hagia Sophia“) im damaligen Byzanz, heute Istanbul.

Trotz dieser glanzvollen Traditionslinie war der Backsteinbau zumindest im nördlichen Europa in den folgenden Jahrhunderten keine lebendige Technik mehr – bis diese ab dem hohen Mittelalter von Mönchen, wem sonst, wiederentdeckt wurde. In der Folge entstanden erneut Backstein-Superlative. Etwa die Marienkirche in Gdansk/Danzig, die größte Backsteinkirche der Welt, die Marienkirche in Lübeck mit dem höchsten Backsteingewölbe der Welt oder die Malborku/

Marienburg an der Nogat in Polen, überhaupt der weltgrößte Backsteinbau.

Damit will sich das St. Johannis-Kloster nun schon gar nicht messen. Doch auch beim Blick auf die Backstein-Wände des Klosters im Innenhof oder auf die Pflasterung des Kreuzgangs wird deutlich, welch unterschiedliche Charaktere, welch unterschiedliche Aufgaben gebrannter Lehm – diese eigentlich simple Mischung aus Sand, Schluff und Ton – annehmen kann. Die farbliche Spanne reicht von gelben Backsteinen (aus kalkhaltigem Ton) über rötliche (weil eisenhaltig) bis zu grauweißen. Mal wurden die Backsteine, zumeist die gelblichen, erkennbar maschinell hergestellt, einer wie der andere, dann wieder zeigen sie die Spuren, Furchen und Rinnen mühsamer Handarbeit, sind dann auch größer. Das durchschnittliche „Klosterformat" betrug 28 x 15 x 9 Zentimeter.

Schleswig und seine Umgebung waren im Wortsinne ein „Hotspot" des Ziegeleigewerbes. Man schürfte und brannte, was die Erde in der komplizierten Geologie längs und am aufgetürmten Ende der glazialen Rinne, der Schlei, hergab. Im heutigen Kreis Schleswig-Flensburg gab es, so der Borgwedeler Heimatforscher Manfred Tönsing, bis 1938 genau 88 Ziegeleien, davon 14 direkt am Wasser. Für Schleswig sind hier nur zu nennen der Rats-Ziegelhof, ein Schloss-Ziegelhof und nicht zuletzt der Domziegelhof, der, nach seiner Auflassung vom Herzog mit Sonderrechten ausgestattet, eine Zeitlang, wie Heinrich Philippsen in seinem Buch über „Alt-Schleswig" von 1923 formuliert, „auch zweifelhafte Volkselemente" anzog.

In Handarbeit hergestellt: Jeder Stein ist eine eigene „Persönlichkeit"

Die Straße „Domziegelhof" kann man immer noch aufsuchen.

Auch das St. Johannis-Kloster hatte seine eigene Beziehung zum Thema: Ihm gehörte das Land am südlichen Gestade der Schlei, auf dem sich in der heutigen Gemeinde Borgwedel zwei Ziegeleien einrichteten. Es muss darin eine wahre Schufterei geherrscht haben, für alle Arbeitskräfte und besonders für die Wanderziegler aus dem Lipper Land, in deren Heimatregion die frühere Beschäftigung als Leineweber weggebrochen war. Der Journalist und Dichter Theodor Fontane schildert in den „Wanderungen durch die Mark Brandenburg" seinen Besuch im Ziegelei-Dorf Glindow, die Akkordarbeit der dortigen Ziegelstreicher („nah an 17 Stunden") und empfindet diese als „allermodernsten, frondiensthaften Industrialismus", nicht ohne den wilden Wein und die Clematis zu erwähnen, die sich romantisch „um die Veranden des Ziegellords" ranken. Solch eine Villa des Ziegeleibesitzers gab es auf erhöhter Position auch in Borgwedel.

Ob Glindow oder Borgwedel: Im Preußen der Kaiserzeit boomte der Bedarf nach (die Unterschiede lassen wir außer Betracht) Backsteinen und Ziegeln. Auch das Regierungsgebäude in Schleswig, heute Oberlandesgericht, wurde damals mit Borgwedeler Ware hochgezogen. 70 Jahre später hatte man auf dem Ziegelei-Areal unter menschenunwürdigen Bedingungen Hunderte russischer Kriegsgefangener untergebracht – bis die britische RAF sie befreite. Schon bald danach kam das Aus für die Ziegel-Herstellung an diesem Flecken brauchbarer Erde, der einstens zum Klosterbesitz gehört hatte. 1955/56, so hat Tönsing ermittelt, wurden dort zum letzten Mal Ziegel gebrannt.

Der Umgang mit dem Kulturträger „Backstein" war an sein Ende gekommen. Wirklich? Wer weiß, vielleicht erlebt das Produkt aus Erde, Feuer und Luft noch einmal solch eine Renaissance, wie das nach der vorletzten Jahrtausendwende der Fall war. Als Mönche den Ziegel wieder ins Spiel brachten und große, immer noch staunenswerte Gebäude entstanden – auch unweit von Schleswig. Da gibt es wenige Kilometer westlich der Stadt ein Werk aus gebackenen Steinen, die „Waldemarsmauer", so genannt nach ihrem Veranlasser, dem dänischen König Waldemar I. (1131-1182). Ursprünglich 3,7 Kilometer lang, bis zu fünf Meter hoch und zwei Meter dick. Ein Wunder, ein Monster aus Ziegeln und Mörtel, die vor Ort hergestellt wurden.

Der König ließ damit um 1170 die mächtige Verteidigungsanlage des „Danewerks" verstärken, mit dem die Landenge zwischen der Treene und der Schlei abgesperrt wurde. Nicht weniger wichtig als der praktische Zweck dürfte der ideologische gewesen sein: Diese „Waldemarsmauer" ist eine Machtdemonstration gleich doppelter Art. Zum einen war das Baumaterial „damals eine Neuheit" (Christian Weltecke vom Archäologischen Landesamt). Zum anderen war damit der „größte Profanbau aus Ziegelsteinen in Nordeuropa" entstanden.

Die Konstruktion sei „schwer zu überwinden", bemerkte Heinrich Rantzau, der nachmalige Statthalter der dänischen Krone in Schleswig und Holstein, so treffend wie nüchtern. Es sei denn, eben doch, durch den Zahn der Zeit. Die Witterung, die Nutzung als Steinbruch und manch Unachtsamkeit haben den Ziegeln zugesetzt. An die 80 Meter des königlichen Schutzwalls sind noch sichtbar. Die bloß liegenden Mauersteine mögen manchen Besucher des einstigen Wunderwerks an eine klaffende Wunde erinnern. Jetzt braucht der Schutzwall selber Schutz.

Komplexe Anlage: Das Kloster nach Westen und Süden

TAPFERES KLEINES ENSEMBLE

St. Johannis musste mehrmals um seine Existenz kämpfen

„Müßiggang ist der Feind der Seele."

Diese Ansage des Benedikt von Nursia (480–547), dem Gründer ihres Ordens, war den acht Frauen nur zu geläufig, als sie sich Ende 12. / Anfang 13. Jahrhundert anschickten, vom komfortablen Michaeliskloster oberhalb der Stadt Schleswig auf einen sandigen Platz außerhalb der östlichen Stadtgrenze am Ufer der Schlei umzuziehen – so der griffige Mythos. Auf die „Freiheit", ein großes, wüst gelassenes Gelände, das hernach nicht von ungefähr auch als Entsorgungsort des städtischen Abdeckers genutzt wurde.

Sicherlich, da gab es seit den 1170er Jahren bereits eine sympathisch einfache Pfarrkirche aus Tuffstein, wohl gewidmet dem Hl. Jacobus, dessen Grab im nordspanischen Santiago zu den beliebtesten Pilgerzielen zählte und zählt. Aber von all dem, was nun einmal ein Kloster zusätzlich ausmacht, Kreuzgang, Remter, Kapitelsaal, Zellen …, davon war auf dem Holm weit und breit nichts zu sehen. Also werden die Nonnen wahrhaft keinen „Müßiggang" gehabt haben, um die nötigsten Bauten vermutlich zunächst aus Holz zu errichten, während der Stifter des neuen Klosters – gern wird Waldemar, ein Sohn des dänischen Königs Knud, Schleswiger Bischof seit 1182, genannt – warm und trocken saß. Und zwar – im Gefängnis, nachdem er vergeblich versucht hatte, selber auf den Königsstuhl zu gelangen. Seither hat Bischof Waldemar sein Schleswig nie wieder betreten, er ist als einfacher Mönch im niedersächsischen Kloster Loccum gestorben.

Der Start des Klosters unter dem Patronat von Johannes dem Täufer war also kein Selbstgänger. Und auch die Jahrzehnte und Jahrhunderte danach hielten für das kleine, kompakte Ensemble und seine tapfere Besatzung immer wieder Dramen, Krisen und existentielle Gefährdungen bereit. Dennoch hat es das St.Johannis-Kloster vermocht, sich nach jedem Nackenschlag neu aufzustellen und lebendig zu bleiben. Das ist in der ehemaligen Haupt- und Residenzstadt wohl nur noch dem Dom St.Petri und dem Gottorfer Schloss gelungen.

Insofern soll der Privatgelehrte Ulrich Petersen (1656–1734) Recht haben, wenn er in seiner interessanten Stadtbeschreibung das „Hochadlige Jungfernkloster St.Johannis“ als „eines der merkwürdigsten Bauwerke der Stadt“ mit einem „Mehr an Ansehen und Hoheit“ als andere Klöster bezeichnet. 250 Jahre später formuliert der Kunsthistoriker Deert Lafrenz den gleichen Befund in seinem Standardwerk über die Kunstdenkmäler der Stadt Schleswig etwas nüchterner: St. Johannis sei ein „schlichtes, jedoch in seiner Unberührtheit einzigartiges Ensemble, das sich vom 12. Jahrhundert fortlaufend bis in die Neuzeit herausgebildet hat“.

Die testierte Geschichte des St.Johannis-Klosters begann am 7. März 1251. An diesem Tag unterzeichnete der Dänenkönig Abel (1218–1252) eine Urkunde, in der er dem Kloster weitreichende Privilegien und eine eigene Gerichtsbarkeit ein-

Ost-Fassade im Frühling: Durch die grüne Tür geht's in den Kreuzgang

ANLAGE

Früher als Friedhof genutzt: Der Innenhof des Klosters

Im Schutz hoher Lindenbäume: Ein beliebter Platz zum Schaukeln

räumte. Diese Sonderrechte sind bis in das 17. Jahrhundert immer wieder bestätigt worden. Die Huld der Oberen konnte St. Johannis aber auch gut gebrauchen. Kaum hatten die Nonnen ein festes Dach über dem Kopf, kaum war mit dem Einbau des Nonnen-Chores die Separierung der geistlichen von der weltlichen Sphäre vollzogen, vernichtete eine plötzliche Feuersbrunst Ende des 13. Jahrhunderts alles mühsam Aufgebaute, wodurch das Kloster „in große armuth gesezt“ wurde. Gleich zwei Bischöfe riefen zu Spenden auf, im Gegenzug wurde den Unterstützern 40 Tage ihrer Sündenstrafen erlassen. So richtig scheint die Abmachung nicht funktioniert zu haben, denn es dauerte fast 50 Jahre, bis die Klosterkirche und andere Gebäude wieder benutzbar waren.

Die Leidensgeschichte des geistlichen Fleckens am Ufer der Schlei war damit aber noch lange nicht zuende. Mitte des 14. Jahrhunderts verheerten die Folgen der wohl schlimmsten Pandemie der Weltgeschichte, der Pest, genannt „Der schwarze Tod“, sowie der Kriegshandlungen zwischen Holsteinern und Dänen das Land. Hinzu kamen Überschwemmungen und ein Wirbelsturm, der ein Drittel des Kirchendachs hinwegfegte, sodass die Nonnen ihrer Andachtspflicht nicht mehr nachkommen konnten. Das Kloster stand vor dem Ruin. Es fehlte nicht viel und seine kämpferischen Ordensschwestern hätten in den weltlichen Stand zurückkehren müssen – zumal sich zu der äußeren Not, was Wunder, auch ein „großer Verfall des geistlichen Wesens“ abzeichnete und eine „Wiederherstellung der Disciplin“ von Nöten erschien.

Das Rettende in dieser Gefahr war … eine Schenkung. Aus der wirtschaftlichen Klemme erlöst wurde St. Johannis durch Nikolaus Graf von Rendsburg-Holstein,

Stabile Konstruktion: Dachstuhl der Kirche, nach dem Wirbelsturm errichtet

Hat die Zeiten überdauert: Der Keller unter dem Remter

Mit Spendengeldern erbaut: Das Deckengewölbe trägt die Nonnen-Empore

dem Schleswig am Herzen lag, vielleicht weil er als Herzog dort nicht zum Zuge gekommen war. Jedenfalls verschaffte er dem Kloster das Patronatsrecht über die Kirche im nahe gelegenen Dorf Kahleby und damit über die Einkünfte des erheblichen Kirchenbesitzes. Der Aufschwung, endlich, war vorgezeichnet. Da brach 1487 ein zweiter Brand aus, der erneut große Zerstörungen anrichtete. Die damals amtierende Priörin Wybe von Meynerstorpe ließ sich von der Katastrophe nicht erschüttern. Sie schickte ihre Nonnen „van Vüres weghen" durch das Land, um bei „Borgheren …und allen framen Lüden" um Spenden einzukommen. Diese Aktion funktionierte besser als nach dem ersten Feuer, um 1520 war wohl der Neubau der Klosterkirche fertiggestellt. Der lichte, vergrößerte Chor-

raum (sein Ostfenster wurde 1982 zugemauert), die gewölbten Decken und im Westen die Nonnen-Empore waren das bauliche Ergebnis der eigentlich prekären Lage, die man beherzt beim Schopfe gepackt hatte. Auch der Remter wurde nach dem Brand von 1487 errichtet.

Vergleichsweise ruhige Jahrzehnte waren jetzt dem St. Johannis-Kloster beschieden, auch wenn – oder: gerade weil – die Reformation einen wesentlichen Einschnitt bedeutete. Im 18. Jahrhundert entstanden etliche der klassizistisch anmutenden Häuser, etwa das Probstenhaus am Eingang, das Pastorat an der Ecke zu den Fischerhäusern auf dem Holm oder das dem Westflügel der Klausur vorgesetzte Amtshaus, die das Areal heute noch prägen. Dennoch ließ die Pflege der Kloster-Strukturen offenbar sehr zu wünschen

Gut abgeschirmt: Das Geländer der Nonnen-Empore zum Kirchenraum der Gemeinde hin

Im Schattenspiel: Das Deckengewölbe der Nonnen-Empore

übrig. Sonst wäre rund ein Jahrhundert später nicht von „Verfall“ und „Verwahrlosung“ die Rede gewesen. Um dem Einhalt zu gebieten, wurde 1899 der mittelalterliche östliche Klausur-Flügel abgebrochen und neu aufgeführt, erkennbar an den fehlenden Gewölben im Kreuzgang. Zu einer weiteren durchgreifenden Renovierung kam es zwischen 1949 und 1951 – die Gebäude sollen sich damals „in einem nahezu beschämenden Bauzustand“ befunden haben. Damit das nicht wieder geschieht, kümmert sich seit 2003 der Freundeskreis des Klosters erfolgreich um die Erhaltung der Substanz; letztens wurde die Klostermauer instandgesetzt.

Erstaunlich: Kurz nach Kriegsende, als in den Städten die Trümmer noch lange nicht weggeräumt waren und die Traumata der Nazi-Zeit noch in den Menschen nisteten, da sorgte man sich in Schleswig um ein Gehäuse, das 700 Jahre zuvor ins Licht der Öffentlichkeit gerückt war und sich seither immer wieder abgemüht hat, am Leben zu bleiben. Faszinosum Kloster. „Für mich hat St. Johannis etwas Widerständiges", sagt Priörin Ines von Samson-Himmelstjerna. Auch Michael Bruhn, der eher nüchtern gesinnte Pastor im Bibelzentrum, dem alten Probstenhaus, hat erfahren: „Das Kloster ist immer noch ein Kraftort."

Die Klostermauer (hier: Innenseite zum Friedhof): Mit Mitteln des Freundeskreises renoviert

Schlüsselgewalt: Priörin Ina von Samson-Himmelstjerna mit Klosterorden und Schlüsselkörbchen

Licht in der Dämmerung: Das Priörinnenhaus, 1847 als Damenhaus erbaut

VIER KLÖSTER, VIER GESCHWISTER …

… aber nur eines kam durch

Hell schallte das Totengeläut des Michaelisklosters über die Dächer der Stadt. Es muss früher Morgen gewesen sein, als ein Benediktinermönch zu unziemlicher Zeit die Glocke schlug: Herrgott! Unser Abt ist gerade gestorben! Der war mit einigen Klosterbrüdern, wie manches Mal zuvor, am Abend in eine Schenke am Schleswiger Stadtrand gezogen und jetzt … Schnell machte sich eine Delegation aus dem Kloster auf, sie fand den Mann, aber nicht tot, sondern sturzbetrunken und bugsierte ihn wieder hinter die Klostermauern. Sein Amt allerdings war damit endgültig perdu. Dem Dienstherrn, Bischof Waldemar, dürfte das nur recht gewesen sein, er hatte andere Pläne.

Eine schöne Geschichte! Ob sie sich wirklich so abgespielt hat, ist ungewiss, denn sie stammt aus der Feder eines Schreibers des Nach-Nachfolgeklosters von St. Michaelis, dem man einen Hang zu tendenziöser Berichterstattung nachsagen darf. Was aber korrekt ist: Das Michaeliskloster wurde nach einer Existenz von ca. 20 Jahren wieder aufgehoben. Genauer gesagt: Es wurde vom Bischof degradiert. Nur vier Mönche durften noch weiterhin ihren schwarzen Benediktiner-Habit tragen, zudem gab es wohl acht weibliche Mitglieder der Kloster-Gemeinschaft. Immer noch grassiert die Version, dass sie es gewesen sein sollen, die Ende des 12. Jahrhunderts mit der dort bereits vorhandenen Pfarrkirche als Ausgangspunkt das St.Johannis-Kloster der Benediktinerinnen gründeten.

Doch nicht nur das Personal wurde reduziert, auch die Klausur des Michaelisklosters wurde demontiert. Bischof Waldemar besaß nördlich der Stadt am Langsee erhebliche Ländereien und dort, auf der aurea insula, der „Goldenen Insel“, sollte ein neues Kloster gegründet werden, aber nach dem Modus der Zisterzienser – arbeitsamer und sittenstrenger als bei den Benediktinern. Etliche der Michaels-Mönche wurden ebendorthin versetzt. Die Gründung in der feuchten Einöde am Ufer des kleinen Sees war nicht einfach, dafür konnte von einem unchristlichen Ablenkungsfaktor keine Rede sein und die Ausstattung von „Guldholm“, weitgehend transferiert vom Kloster St.Michaelis, ließ ein gutes Leben zu.

Guldholm hätte der perfekte Platz für ein Kloster werden können, die Zisterzienser kannten sich mit der Kultivierung von unwegsamem Gelände aus. Nur stellte sich schon bald heraus, dass sich der ehrgeizige Bischof im Clinch mit dem in Schleswig residierenden Herzog, seinem Vetter Waldemar, verkämpft hatte. Diese Schwäche nutzten die Neu-Guldholmer Mönche aus, um an ihre alte Wirkungsstätte, das Michaeliskloster, zurückzukehren, sodass es ein Hin und Her, ja sogar ein Hauen und Stechen, einen „Mönchskrieg“, zwischen den beiden Fraktionen gegeben haben soll. Die causa ging schließlich vor den Papst, der für Guldholm und seine weiß gekleideten Mönche entschied.

Dennoch waren die Tage der „Goldenen Insel“ gezählt. 1191 war das Kloster am Langsee geweiht worden. Knapp 20 Jahre später siedelten die Guldholmer Zisterzienser-Mönche noch einmal um, ohne dass die Gründe dafür greifbar wären, und zwar nach Norden, an die Munkbraruper Au im heutigen Stadtgebiet von Glücksburg. Dort entstand das „Rudekloster“ („Rude“ von lat. „rus regis“, kgl. Land), im Dezember 1210 wurde bereits vor Ort die erste Regel verlesen, das Kloster kam in der Folgezeit voran und wurde wohlhabend. Doch schon vor der Reformation ging es wieder bergab.

1582 fiel das Ensemble an den Herzog Johann d. Jüngere aus dem Haus Schleswig-Holstein-Sonderburg, der es umgehend abreißen und einen Katzensprung entfernt das Schloss Glücksburg errichten ließ. Als Baumaterial für das Fundament dienten Granitquader der ehemaligen Klosterkirche. Dann wurde die Au aufgestaut und das Areal geflutet, sodass sich bald schon ein regelrechtes Wasserschloss darbot – bis heute neben dem Schleswiger Schloss Gottorf eine der großen baulichen Attraktionen im Landesteil Schleswig.

Als man einmal den Schlossteich abgelassen hatte, fand sich, benachbart auf schlammigen Grund, eine überraschend klare Grundriss-Zeichnung des untergegangenen ehemaligen Rudeklosters. Vom Kloster Guldholm am Langsee ist solch ein Hinweis nicht bekannt, die Natur hat hier wieder das Szepter übernommen. Vielleicht besteht sein Erbe in der entspannten Ruhe, die sich dem Besucher des schwer zugänglichen Areals mitteilt. Mit einem Ludwig-Uhland-Lächeln mag er der Vorstellung nachhängen, dass in Guldholm noch lange nach dem offiziellen Aus ein alter Klosterbruder seinen Dienst verrichtet haben soll.

Und das Michaeliskloster? Zu ihm gehörte eine Kirche, die sich architektonisch als singulärer Rundbau in der Nachfolge der weltberühmten Heilig-Grab-Kapelle in Jerusalem auszeichnete. Reste davon wurden integriert in ein spätgotisches Gotteshaus, das im 19. Jahrhundert als baufällig abgebrochen werden musste. Erhalten haben sich von der Klosterkirche einige Säulenkapitele sowie zwei mächtige steinerne Löwenskulpturen, anzuschauen im Stadtmuseum und im Landesmuseum für Archäologie. Als traditionelle Wächter über den Fortbestand des Michaelisklosters und seiner ungewöhnlichen Kirche haben sie sich nicht bewährt.

So schließt die Geschichte von den vier Klöstern, die einst wie Geschwister miteinander zusammengehangen haben. Drei von ihnen existieren nicht mehr. Am Ende unversehrt hervorgekommen ist nur eines, das Adelige St. Johannis-Kloster vor Schleswig.

I IDA CATHARINA VON KÖLN.
ANNO RENO VATUM. 1693.

DIE FRAU AUF DEM MOND

Die Klosterkirche birgt viele Kunstschätze

Es war ein windstiller, sonniger Sonntag, halb zehn Uhr morgens, nach dem Gottesdienst. Im Golf von Patras, zwischen dem Norden Griechenlands und dem Peloponnes, stieß die Flotte der „Heiligen Liga", der christlichen Mittelmeerstaaten, auf die Streitmacht des Osmanischen Reiches. Hunderte von Galeeren. Zehntausende von Soldaten, Rudersklaven und Besatzungsmitgliedern. Damit begann eine der größten und verheerendsten Seeschlachten der Geschichte, die „Seeschlacht von Lepanto". Nach mehr als fünf Stunden hatte die „Liga" den Kampf, der mehrmals auf der Kippe stand, für sich entschieden. Man zählte 38.000 Tote, niedergemacht auf beiden Seiten.

Die „Liga", angeführt von Spanien? Das sei wohl bestenfalls die halbe Wahrheit, meinte Gregor XIII.; in Wirklichkeit habe die Jungfrau Maria den Sieg herbeigeführt. Ein Jahr nach der muslimischen Niederlage am 7. Oktober 1571 ließ der Papst für diesen Tag das „Rosenkranzfest" einrichten, gewidmet „Unserer Lieben Frau vom Siege" – bis heute ein katholi-

(Abbildung links) Im Strahlenkranz: Die Madonna auf der Mondsichel mit dem Jesuskind auf dem Arm

Aus katholischen Zeiten: Das Sakramentshäuschen vor dem Altar

Kunstvolles Schnitzwerk: Die Wangen des Chorgestühls im Remter

scher Gedenktag, auch wenn der historische Hintergrund kaum noch bekannt sein dürfte. Viele bildliche Darstellungen feiern diese Madonna. Sie ist dann von einem Strahlenkranz umgeben, hält das Jesuskind auf dem Arm, das wiederum mit seinen Fingern die Weltkugel wie einen Apfel umfängt, und sie thront zumeist auf einer Mondsichel.

Ganz wie in der Klosterkirche von St. Johannis. Unter der Nonnen-Empore findet man sie: die Himmelskönigin als Halbplastik im rot-goldenen Sternenmantel, von Strahlen umgeben, von Rosenblüten umkränzt, auf einem spitzen, steigenden Mond. Darunter der Hinweis, dass die Konventualin Catharina von Köln im Jahr 1693 das Werk, das Kunsthistoriker auf „wohl Anfang des 16. Jahrhunderts" datieren, vermutlich also noch vor der Reformation, habe renovieren lassen. Es ist gewiss nicht das auffälligste Kunstwerk in der an solchen Schätzen reichen Klosterkirche, aber bestimmt eines der bemerkenswertesten.

Das beginnt schon damit, dass diese Mondsichelmadonna den Bildersturm, der manchenorts mit der neuen Lehre einherging und der in Schleswig etwa zur Zerstörung des Dominikanerklosters oberhalb des Stadthafens führte, überlebte. Ähnlich wie das Sakramentshaus vor dem Altar aus der Mitte des 15. Jahrhunderts. In dieser Zeit erfreute sich die Mondsichelmadonna solcher Verehrung, dass auch manche älteren Marienfiguren nachträglich mit Mondsichel und Strahlenkranz ausgestattet wurden.

Der Typus geht zurück auf eine Formulierung in der Offenbarung des Johannes, dem letzten Buch im Neuen Testament. Dort (Joh. 12,1) wird „eine Frau" beschrieben, „mit der Sonne bekleidet, der Mond war unter ihren Füßen und ein Kranz von zwölf Sternen auf ihrem Haupt". Schon im 12. Jahrhundert war dieses „apokalyptische Weib" in einer klösterlichen Schrift mit Maria gleichgesetzt worden, Maria als Sinnbild der Kirche, Maria als Gegenspielerin des Drachen, des Bösen, ja, auch der Osmanen. Das passte so gut, dass manchmal der Mond zu ihren Füßen auch als Vollmond dargestellt wurde, dann gerne mit vermeintlich östlich-männlicher Physiognomie.

Dabei kann die Verbindung von „Frau" und „Mond" gut jeglicher Polemik entraten – dazu ist sie viel zu alt. Sie führt in die antiken Kulturen, in denen Artemis (Griechenland) und Diana (Rom), die Göttinnen der Jagd, aber auch der Geburtshilfe, eine zentrale Rolle spielten, vielleicht ähnlich wie schon Isis (in Ägypten) und Ishtar (im Zweistromland). Oder gar die Venus von Laussel, eine Frauenfigur mit großen Brüsten, ausladendem Becken und einer Mondsichel (oder ist das ein Horn?) in der rechten Hand. Das Halbrelief wurde 1911 in einem Kalkstein-Felsen in der französischen Dordogne entdeckt und soll um das Jahr 22.000 v.Chr. entstanden sein.

Die Reise des Mondschiffchens, diesem alten heidnischen Symbol, oft auch als „Halbmond“ bezeichnet, was jedenfalls mondphasenkundlich nicht stimmen kann, ist damit aber noch nicht zu Ende. Ihren kulturell ambitioniertesten Auftritt leistete sich die Mondsichel am 18. Januar 1816 in der Berliner Hofoper. Der preußische Oberlandesbaudirektor Karl Friedrich Schinkel, ein genialer Gestalter des Klassizismus, hatte das Bühnenbild für die Premiere von Mozarts „Zauberflöte“ entworfen, darunter eine Dekoration, in der die „Königin der Nacht“ – jetzt nicht mehr sanfte „Madonna“, sondern die Verkörperung des Bösen – auf einer silbernen Sichel mit bedrohlich spitzen Hörnern unter einem riesigen, konzentrisch angeordneten Sternen-Gewölbe, vergleichbar den getrimmten Kolonnen der „Star Trooper“ in George Lucas‘ Hollywood-Epos „Star Wars“, vor dem Publikum erscheint. Eine der berühmtesten, immer noch staunenswerten Theater-Dekorationen überhaupt.

Schließlich wurde die Mondsichel auch von einer explizit politischen Bedeutung gekapert – als roter „Halbmond“, dem Zeichen der Türkei und früher des Osmanischen Reiches. Sultan Selim I. (1512–1520) erklärte ihn bzw. sie zum offiziellen Staatssymbol, sodass es reizvoll sein mag sich vorzustellen, dass in der „Seeschlacht von Lepanto“ auch zwei Halbmonde gegeneinander kämpften: der rote türkische gegen den goldenen Bogen zu Füßen der apokalyptischen Madonna. Heute verwenden fast alle muslimischen Länder den „Roten Halbmond“ entsprechend dem „Roten Kreuz“ als Schutzzeichen nach den internationalen Genfer Abkommen.

Apropos „zu Füßen der Madonna“. Hinter ihrer Darstellung befindet sich in der Nordwand der Schleswiger Klosterkirche ein Hohlraum. Vielleicht, so kann man hören, wurde er früher als Versteck für Reli-

Bissig: Detail aus dem Chorgestühl

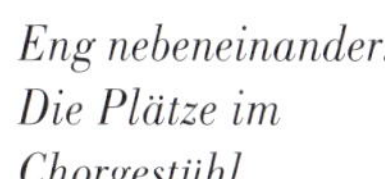

Eng nebeneinander: Die Plätze im Chorgestühl

quien benutzt. Später aber nisteten dort unübersehbar eine Zeit lang die Fledermäuse.

Solche Desakralisierung ist auch anderen Kunstwerken in der Kirche nicht erspart geblieben. Heute sind sie einfach da, besser: noch da, aber einige besitzen weiterhin Strahlkraft oder lohnen zumindest die genauere Betrachtung. Zum Beispiel das Altarbild von 1711. Der Körper des leidenden Christus vor einer düsteren Szenerie wirkt überstreckt, fast wie auf einem Gemälde des spanischen Malers El Greco, aber doch in seiner Todesstunde noch attraktiv, wie aus der Inschrift hervorgeht:

„Ach Herr Jesu gib du doch
daß mier deine Seiten wunde
… sey die Klufft daß Felsenloch
drein ich möge mitt vergnügen
… unter deinem Hertzen Liegen.“

Überhaupt fällt die Menge einander entsprechender Darstellungen, sieben oder mehr, in dem kleinen Chorraum der Kirche auf. Sogar die Rückseite des Triumphkreuzes (zum Altar und nicht zur Gemeinde hin) wurde mit dem Schmerzensmann versehen. In dem brutal Gekreuzigten haben sich die Menschen – und nicht nur die Nonnen! – offenbar mehr wiedergefunden als in einem eher statischen, triumphierenden Herrscher-Gott, wie er zuvor dargestellt worden war. Der krasse Tod am Kreuz und nicht etwa das leere Grab, Christi Himmelfahrt oder das Pfingstwunder, immerhin Gründungs-Narrative des Christentums, hat die Bildphantasie der Künstler unzählige Male angeregt.

Auch die Vollplastik „Christus in der Rast“ in einer Nische der Kirchensüdwand gehört zu den erwünschten Leidens-Darstellungen. Da sitzt der Mann unter einer mächtige Dornenkrone und mit gefesselten Händen auf einem Felsen – als ob es ihm erlaubt gewesen wäre (die Bibel sagt: war es nicht), auf der via dolorosa das Kreuz mal beiseite zu stellen und eine Pause einzulegen. Eine erstaunliche Fiktion, ziemlich derb, aber vielleicht um so wirkmächtiger, wohl Anfang des 16. Jahrhunderts ins Eichenholz gehauen. „Sitzen“ galt schon im alten Ägypten als heilige, allein dem Herrscher erlaubte Haltung.

Erst Ordens-Gründer Benedikt gelang die „prometheische Tat“, so die Forscherin Kerstin Aßmann-Weinlich, das Sitzen, nämlich auf einem speziellen Gestühl, denn es musste auch Stehen und Knien erlauben, in die Klöster einzuführen. Später machte die bürgerliche Gesellschaft daraus ihre eigenen Sitzgelegenheiten. Im St. Johannis-Kloster ist das Chorgestühl der Nonnen und Konventualinnen noch erhalten. Es befand sich wohl ursprünglich auf der Nonnen-Empore im Westen des Kirchenraums und wurde dann in den Remter verbracht. Besonders bequem können die eng aneinander gereihten Sitze nicht gewesen sein. Die Wangen sind kunstfertig mit allerlei Dämonischem gestaltet. Ob das Getier die Damen davor bewahren sollte, unaufmerksam zu werden?

Nicht gerade besonders kunstvoll, aber doch irritierend eindrucksvoll ist die Menge der Wappenschilde, die den Altarraum der Kirche (mehr als 70) und als Duplikate den Remter (mehr als 50) schmücken. Das älteste stammt aus dem Jahr 1681, das jüngste gehört zu der 2012 verstorbenen Priörin Henny von Schiller. Die Schilde der Adligen hatten die Aufgabe, so die Kloster-Forscher Oliver Auge und Katja Hillebrand, „Kontinuität in der Retrospektive und Rechtsanspruch in der Prospektive“ zum Ausdruck zu bringen. In jedem Fall diente und dient das manchmal vergoldete Blech der Erinnerungskultur und mag, wie selbstbezogen auch immer, ein Beitrag sein zu dem anderen Verständnis von „Zeit“, das dem Klosterareal seit jeher innewohnt.

Darin nicht unähnlich den vielen Notaten über Stiftungen, die mit dem Namen der Stifterin verbunden sind. Da gibt es zum Beispiel einen silbernen Humpen von 1617, auf dem gleich neun weibliche Stifternamen verewigt sind, eine Art „Overkill“, was den Anspruch aufs Im-Gedächtnis-Bleiben betrifft. Auch war die Konventualin Anna Lucia von Bülow (1658–1736), Angehörige eines Geschlechts aus mecklenburgischen Uradel, besonders aktiv. Sie stiftete nicht nur eben jenes Altarbild, sondern auch den aufwendigen Schalldeckel über der Kanzel, versehen mit ihrem Wappen und Namen.

Jüngstes Wappenschild: Für die 2012 verstorbene Priörin Henny v. Schiller

Erinnerungskultur: Mehr als 70 Wappenschilde zieren den Altarraum der Kirche

(Abbildung rechts) Lenkt den Blick auf den Altar: Die Schranke zwischen Gemeinde- und Chorraum

Nachfahr Vicco von Bülow, ein Mann der Selbstironie, soll das einmal vor Ort recht sinnend betrachtet haben.

Auch an den Außenwänden der Kirche konnte und kann man sich gut in Erinnerung halten, wozu sich beispielsweise das Ziffernblatt der Klosteruhr anbietet. Priörin Henny von Schiller ließ „ANNO 1999“, so die vergoldete Inschrift, an der Westfront des Kirchturms ein strahlend neues Blatt anbringen, während das alte, schon recht verblasst, 150 Jahre zuvor von Priörin Sophie von Varendorff gestiftet, im Kreuzgang seinen Pensionärs-Platz fand. Dann fallen dem aufmerksamen Betrachter noch etliche Jahreszahlen in Verbindung mit Buchstaben-Kombinationen auf, am West- wie am Ostgiebel der Kirche. Etwa „D R 1735“, was auf den damaligen Probsten Detlev von Reventlow hindeutet. Das alles sind nützliche Maueranker, gewiss, und solcherart Verschlüsselungen gibt es auch an anderen alten Gebäuden in Schleswig, wie etwa dem ehemaligen Heiligen-Geist-Hospital mit „G.A.K.S.Z. D.H.Z.S.H.S.U.D.D.G.Z.O.U.D.“ (Auszug), was zu lesen ist als „Geboren aus königlichen Stamm zu Dennemarken, Herzogin zu Schleswig, Holstein, Stormarn und der Dithmarschen, Gräfin zu Oldenburg und Delmenhorst“.

Das nicht nur für den Adel typische Interesse an Kontinuität, an der Erhaltung des Namens, trifft am Beispiel der Klosterkirche auf die Feststellung des Wandels, nicht nur des Namens, auch der Strukturen. So wie die Westfront der Klosterkirche den Turmstumpf der alten Pfarrkirche, ihres Vorgängers, freundlich umfängt und verbirgt. Oder wie die Nonnen-Empore aus katholischen Jahren 1690 geschmückt wurde mit schlichten emblematischen Gemälden in Verbindung zu deutschen Texten aus protestantischer Zeit. Alles existiert in diesem Kirchenraum nebeneinander. Selbst die übliche Schranke zwischen dem Raum für die Gemeinde und dem im Bodenniveau 40 Zentimeter höheren Chor mit seinen putzigen Stübchen für Priörin, Pastor und Konventualinnen, wohl aus dem Jahr 1711, wirkt nicht hierarchisch trennend, sondern eher logisch, weil der Blick auf den Altar hin gelenkt wird. Dort erkennt man von den Kirchenbänken aus keine Details, weiß aber, worum es geht – eine nahezu familiäre Anordnung. Ein Besucher gestand bei einer Führung durch die Klosterkirche: „In den großen Kathedralen soll ich überwältigt werden. In St. Johannis fühle ich mich wie zuhause und nicht verloren.“

Vorne die Stuben für die Stiftsdamen:
Hinten der Raum für die Gemeinde

U. A. VON. SPECKHAN
PRI ORIN
1711

REFORMATION

REVOLUTIONÄRE ZEITEN

Die Reformation räumt auf, aber das Kloster überlebt

Manchmal werden Zeiten von der Geschichte preisgegeben für große Veränderungen, ohne dass die Mehrzahl der Menschen dieses erahnen oder erspüren würde. Erst wenn sich Abnormitäten oder Untaten, die für sich genommen vielleicht zu vernachlässigen wären, anhäufen, zeigt sich, wie reif diese Zeiten wirklich sind, wie verdorben ihre Früchte. Die „Reformation", Folge der Veröffentlichung einer papst-kritischen „Disputatio" des Augustinermönchs Martin Luther (1483–1546) im Jahr 1517, war solch eine große Veränderung. Und die verdorbenen Früchte?

Davon gab es viele, was aber die Kleriker am Ausgang des Mittelalters nicht sonderlich scherte. Sie beharrten auf ihren Pfründen und dem gehabten, maßlosen Procedere, während die Institution „Kirche" immer mehr in die Kritik geriet. Vielen Gläubigen stieß die Kommerzialisierung kirchlicher Dienstreichungen, besonders krass beim Handel mit „Ablass", übel auf. Für eine Spende zum Wiederaufbau der St. Johannis-Kirche bekam man in Schleswig 40 Tage Buße gutgeschrieben. Das funktionierte im großen Maßstab genauso. Damit Albrecht, Markgraf von Brandenburg, seine Schulden – aufgenommen, um die Mainzer Bischofswürde zu ergattern – bei den Augsburger Bankern, dem Haus Fugger, zurückzahlen konnte, schloss er einen 50:50-Deal mit Papst Leo X. ab: Die eine Hälfte der eingesammelten Buß-Gelder sollte für den Bau des Petersdoms in Rom verwendet

Mit Federkiel: Mönchische Schreibstube (im Bibelzentrum)

werden, die andere für Brandenburgs Schuldendienst.
Auch praktisch: Sogar für künftige Sünden konnte man sich vom Fegefeuer freikaufen.

Besonders ärgerlich aber war, so Reimar Pohl, ein Kenner der Schleswiger Stadtgeschichte, die „vielfach anzutreffende unchristliche Lebensführung“ der Kleriker. Am Beispiel des St. Johannis-Klosters lässt sich diese Kritik nicht wirklich erhärten. Es haben sich Legenden erhalten, dass eine Nonne, die ein Kind geboren hatte, zur Strafe dafür eingemauert worden sei. Oder jedenfalls eingesperrt, schließlich gibt es in der Südwestecke des Kreuzgangs in der Tat ein Stübchen mit einem vergitterten Fenster – und mit einer Tür nach hinten heraus. Auch die Geschichte, nach der (verkürzte Version) das Kloster vor allem deswegen gegründet worden sei, um die Nonnen unterzubringen, die sich im nördlich gelegenen Kloster St.Michaelis, angeblich einem Doppel-Institut mit Mönchen als Zellen-Nachbarn, unzüchtig verhalten hatten, darf nur als Wandersage durchgehen. Man glaubt heute nicht mehr, dass es solch ein doppeltes Kloster auf dem Hügel oberhalb der Stadt überhaupt gegeben hat.

Tatkräftig und selbstbewusst, glaubensfest und im Ordens-Gelübde gut verankert, das werden die Frauen schon gewesen sein, die sich Anfang des 13. Jahrhunderts auf das „Abenteuer“ St.Johannis-Kloster eingelassen haben. Dafür spricht auch ein Bericht, dessen Handlung während der Plünderung Schleswigs im Jahr 1252 spielt. Da bewachte eine Nonne (mutmaßlich) des St. Johannis-Klosters die Preziosen der nahe gelegenen, reich ausgestatteten Pfarrkirche St. Maria. Als ein Bewaffneter in die Kirche eindrang und den Schrein mit der Reliquie an sich riss, verfolgte sie den Räuber

Noch original vorhanden: Der „Ablasskasten“ an der Säule im Kirchenraum

und forderte beharrlich die Herausgabe des Schreins. Die Bedrohung durch das Schwert soll sie pariert haben, indem sie dem Übeltäter das Jesus-Wort vorhielt: „Wer das Schwert nimmt, soll durch das Schwert umkommen!“ Tatsächlich endete der Plünderer kurz darauf, indem er sich mit seinem Schwert selber richtete.

Aber Schlendrian und unbeherrschtes Verhalten, die gab es wirklich. So kann man lesen, dass die Mönche des St.Johannes-Klosters in Lübeck 1231 wegen ihrer Disziplinlosigkeit in die halbwegs noch heidnische Einöde von Cicimeresthorp (Cismar) verbannt worden seien, um dort, bittesehr, ein neues Kloster zu gründen. Oder der „Guardian“, der Vorsteher der Bettelmönche im Schleswiger Franziskanerkloster, dem (wegen des Habits der Mönche) so genannten Graukloster. Er wurde von einem Mönch „hart vergriffen und am Haupte sehr verwundet“, als er diesen „von seinem alzu flüchtigen Leben und gewöhnlicher Trunckenheit abgemahnet, zur beßerung des Lebens angemahnet und nach seinem Bette verwiesen“ hatte. Neben dem spirituellen Leben zeigte sich das Äußere des Konvents ebenfalls in einem beklagenswerten Zustand. Vor Papst Alexander VI. kritisierte der Schleswiger

Kostbare Sammlung: Das Bibelzentrum beherbergt eine Reihe alter Bibeln, darunter (rechts) auch die „Kurfürstenbibel“ von 1692

Verwinkelt:
Die Südwestecke im Kreuzgang

Herzog Friedrich I. den Verfall der Klostergebäude; auch seien geweihte Altargeräte verkauft worden.

Da war es nicht mehr lange hin bis zur Aufhebung des St. Paul gewidmeten Hauses. In dem umfangreichen Gebäudekomplex, der Mauerreste einer dänischen Königspfalz enthält, wurden Armen-Wohnungen eingerichtet. Die Kirche ließ der Stadtrat zum Rathaus umbauen. Dank dieser neuen Nutzung ist das Kloster der Franziskaner, ähnlich wie St. Johannis, aber anders, ziemlich gnädig in das Zeitalter der Reformation hineingeglitten und hat sich bis heute weitgehend erhalten. Auf das Kloster der Dominikaner trifft das nicht zu. Es wurde geradezu ausradiert. Überhaupt: Von den 37 Klöstern und klosterähnlichen Niederlassungen im Norden um 1500, einer „dicht strukturierten Sakrallandschaft" (Historiker Oliver Auge in seinem Buch „Klöster in Schleswig-Holstein"), ist nur wenig übrig geblieben.

Revolutionäre Zeiten. Sie starten gerne mit einem lauten, die Konventionen verstörenden, aber unverzichtbaren Signal. In Schleswig sorgte für diesen Knall ein Prediger, der bald nur noch „der tolle Friedrich" genannt wurde. Angeblich ein entlaufener Mönch, vertrat er radikale Positionen, als er zum Beispiel forderte, man solle einen verstorbenen Geistlichen „uth der kercken alse eynen godtlosen papisten under dem galgen graven". Das war zu viel. Friedrich wurde des Landes verwiesen. 1527 fand die erste reguläre protestantische Predigt in Schleswig statt. Mit der Berufung des ehemaligen Augustinermönchs Reinhold Westerholt, einem eher verbindlichen Charakter, gewann die lutherische Lehre in der Schleswiger Gesellschaft weiteren Zulauf.

Aber, da war ja noch das Domkapitel, das sich dank der Anleitung des geschickt agierenden Bischofs Gottschalk von Ahlefeldt seiner katholischen Sache nicht „leichtsinnig" entäußern wollte. Unter Herzog Friedrich I., dem er auch als Kanzler diente, konnte Ahlefeldt seine Position bewahren: Im Dom fanden nach wie vor zeremonielle katholische Gottesdienste statt. Friedrichs Sohn und Nachfolger, Herzog Christian III. (1505–1559), nachmals dänischer König und ein engagierter Lutheraner, setzte schärfer an. Er untersagte die Heiligenverehrung, verringerte die Anzahl der Domherren und die Messe durfte nur noch gelesen, nicht aber gesungen werden. Mit dem Tod des Bischofs 1541 endete dieser kuriose Kompromiss, ein Jahr darauf nahmen die schleswig-holsteinischen Stände in Rendsburg die protestantische „Christlyke Kercken Ordeninge" an, das Domkapitel als Herrschaft hörte aber formal erst 1661 auf zu bestehen.

Der Grabstein Gottschalk von Ahlefeldts befindet sich an der Südwand des Doms. Wer genau hinschaut, mag vor Ahlefeldts Gewand und zu seinen Füßen einen Hund erkennen. Die Bracke, ein klassischer Jagdhund, gehört eigentlich in das Wappen der Ahlefeldts. Aber hier sitzt der Kleine einfach da und blickt den Betrachter genauso würdevoll an wie der Herr mit dem Krummstab. Vor den Türen der Kirchen beeilte man sich derweil, weniger hochmögenden Personen die Würde zu nehmen, insbesondere Frauen. Zwischen 1450 und 1750 fielen im europäischen Raum insgesamt 100.000 Menschen der Hexenverfolgung zum Opfer. Auch in Schleswig.

Besonders unchristlich tat sich der Domvikar Nikolaus Lucht hervor. Zum Beispiel bezichtigte er eine Kuhhirtin, sein Vieh durch Zauberei getötet zu haben. 1546 erhielt Lucht die evangelische Pastorenstelle an der Michaelis-Kirche, 1548 wurde die von ihm beschuldigte Frau, der zunächst kein Geständnis abzupressen war und die nach den Regeln hätte „freigesprochen“ werden müssen, auf dem Rathausmarkt bei lebendigem Leibe verbrannt; ihre Schreie gellten durch die Altstadt und bestimmt auch darüber hinaus. Drei Jahre darauf, Lucht war jetzt auch Prediger am St.Johannis-Kloster, gab er den Ankläger im Hexenprozess gegen die Bürgerin Catharina Eggerdes. Sie wurde vor der Vollstreckung des „Urteils“ bereits im Kerker wohl durch ihren Bruder umgebracht, sodass der Henker am 17. Juni 1551 einen Leichnam auf dem Marktplatz verbrannte. Diese Schande, an die eine Gedenktafel im Innenhof des Rathauses erinnert, geschah – um es noch einmal zu sagen – in evangelischer Zeit.

Dagegen war der Übergang vom alten zum neuen Glauben, so Oliver Auge, „vergleichsweise reibungslos“ von statten gegangen. Aber auch nicht auf einen Schlag, es gab nämlich ein Problem: Was sollte mit den vier Frauenklöstern geschehen, die bisher nicht aufgelöst worden waren? In Schleswig, Preetz, Uetersen und Itzehoe. Auch hier bahnte sich ein Kompromiss an. Die Klöster mussten sehr wohl in das protestantische Bekenntnis einscheren, blieben aber geistliche Institute, genauer gesagt: Damenstifte, mit halbwegs klösterlichem Tagesablauf. Später legte die Klosterordnung von 1620 den Damen nahe, ihre Gottesdienste ganz generell dem Wohl von Land und Herrschaft zu widmen. Mit der geltenden „Kercken Ordeninge“ war dieses gut vereinbar. Auch durfte jetzt jede „Nonne“ den Konvent wieder verlassen, wenn sie das wünschte.

Das St. Johannis-Kloster war bereits 1527 widerstandslos im Grundsatz reformiert worden. Für seinen (wie auch der drei weiteren) Erhalt hatte sich besonders die Schleswig-Holsteinische Ritterschaft stark gemacht, deren Mitglieder schon seit dem 14. Jahrhundert den Klosterkonvent

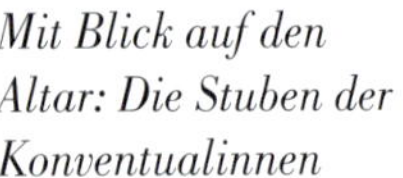

Mit Blick auf den Altar: Die Stuben der Konventualinnen

dominierten. Ihnen diente das Kloster immer wieder zur Versorgung für die unverheirateten Töchter der ritterschaftlichen Familien – und so sollte es gerne auch bleiben. Doch ganz so einfach ging das nicht. Denn zunächst bestritt der Landesherr den gewünschten exklusiven Rechtsanspruch der Schleswig-Holsteinischen Ritterschaft auf die nunmehrigen Stifte. Erst auf den Landtagen von 1636/1637 konnte die Ritterschaft ihr Privileg, das bis heute besteht, formal durchsetzen. Nun ist Iurisdiktion das eine, ihr punktgenauer Vollzug stets das andere. Im Konvent des Klosters Uetersen sollen zeitweise sogar „bürgerliche Töchter" vertreten gewesen. Und dass „gerade im Schleswiger Kloster regelmäßig nicht zur Ritterschaft gehörende Adelstöchter eingeschrieben" (Auge) waren; für diese Damen habe man die doppelte Einschreibegebühr erhoben.

Im Zeitalter des Barock muss von der geistlichen Aufbruchsstimmung, die die Jahrzehnte der Reformation gekennzeichnet hatte, nicht mehr viel übrig geblieben sein. In der Klosterkirche St.Johannis waren die Nonnen zwar von ihrer Empore oberhalb der Gemeinde heruntergestiegen, aber als Stiftsdamen wieder in exklusiven Logen an den Wänden des Chores verschwunden (Lau: Ordner Kirche, Motiv Logen, Sakrahäuschen), auch der Pastor besaß solch ein Kabäuschen und die Priörin sogar eine besonders gekennzeichnete Loge. Zur barocken Tendenz der Bequemung passte außerhalb der Klostermauern – sofern nicht gerade Waffengänge das Land verheerten – die konsequente Anhäufung von machtvollen Ämtern und maßlosem Wohlstand. Der Berater des Herzogs von Schleswig-Holstein-Gottorf, Johann Adolph Kielmann von Kielmannsegg (1612–1676), gibt dafür ein gutes Beispiel.

Bürgerlich 1612 in Itzehoe als Johann Adolph Kielmann geboren, wurde er vom Kaiser mit dem Prädikat „von Kielmannsegg" in den persönlichen Grafenstand erhoben und vom Herzog als Fürstlich Gottorfscher Geheimer Landrat, Hofkanzler und schließlich als Kammer- und Regierungspräsident etabliert. Weitere Ämter folgten, 1662 auch das des Probsten im St. Johanniskloster (zwei Jahre später gab er die Funktion an seinen ältesten Sohn weiter), samt der Aufnahme in die Schleswig-Holsteinische Ritterschaft. Kielmannsegg war über seinen Aktionen sehr vermögend geworden, aber nicht unbedingt weitsichtig. Als oberster Beamter und Diplomat hatte er stets auf die Unterstützung des kleinen Gottorfer Staatswesens durch die Schweden gesetzt, so wollte er die Ansprüche Dänemarks auf die Region im Zaum halten. Doch die Dänen waren schlauer. Sie lockten ihn zu Verhandlungen nach Rendsburg und nahmen ihn dort fest. Der machtvolle Aufsteiger Johann Adolph Kielmann von Kielmannsegg starb 1676 nach vier Monaten im Gefängnis, möglicherweise wurde er vergiftet. Ein prächtiger Epitaph im Schleswiger Dom mag an ihn erinnern. An ihn und an all das, was aus dem ursprünglichen reformatorischen Begehr nach einem gescheiten Disput über Gott und die Welt geworden ist.

PRIÖRIN

GOETHES ENKEL WAREN HIER

Zu Besuch bei ihrer Tante, der Priörin Ulrike v. Pogwisch

1875. Vier Jahre nach der Gründung des Deutschen Kaiserreichs nimmt eine neue Zeit Fahrt auf. Die Zivilehe wird obligatorisch und die Ehescheidung erlaubt. Die Sozialistische Arbeiterpartei Deutschlands, später umbenannt in SPD, entsteht. Die Oper „Carmen" von Georges Bizet wird uraufgeführt. Man plant die Schaffung der Reichsbank. Das „Hermannsdenkmal" im Teutoburger Wald wird nach 37 Jahren Bauzeit eingeweiht. Mit dem „Klostergesetz" verbietet Preußen die Tätigkeit geistlicher Orden.

Der 23. September 1875 beginnt als ruhiger, sonnendurchwärmter Herbsttag. Am Nachmittag zieht von der Schlei her Nebel auf, bald darauf hüllt grauer Dunst das St. Johannis-Kloster ein. Im Haus der Priörin, schräg gegenüber der Klosterkirche, hat man die Kerzen angezündet. Als es auf die Nacht zugeht, stirbt dort Ulrica Henriette Adele Eleonore Freiin von Pogwisch. Im 77. Jahr ihres Lebens und im 11.Jahr ihres Priorats. Wenige Tage später das Begräbnis. Ganz Schleswig gibt der Priörin, beliebt bei Hoch und Niedrig wie kaum eine zuvor, das Geleit. Holmer Fischer tragen den Sarg. Ein schlichtes Kreuz aus weißem Marmor markiert die Grabstelle an der Nordwand der Kirche. Auf seinem Sockel, von Efeu umrankt, heute kaum noch zu entziffern, stehen diese vier Worte: „Sie hatte die Liebe".

Eine denkwürdige, eine ungewöhnlich innige Inschrift. Auf dem kleinen Gottes-

Umnachtet: Der Innenhof des Klosters (Blick nach Nordwesten)

„Sie hatte die Liebe“: Inschrift auf dem Grabmal (unten) für Ulrike v. Pogwisch

acker zwischen der mächtigen Klostermauer und den mürben Tuffsteinen der Kirchenwand findet sich kein zweiter Spruch dieser Art. Er ist die eine Hälfte eines imaginären Dialogs. Die andere Hälfte steht im Korinther-Brief des Paulus, dem berühmten „Hohelied der Liebe“. Dort schreibt der Apostel und Theologe: „Wenn ich mit Menschen- und mit Engelszungen redete und hätte der Liebe nicht, so wäre ich ein tönendes Erz …“, bevor er „Glaube, Hoffnung, Liebe“ zu den Grundpfeilern sinnreicher menschlicher Existenz erklärt. 300 Meter weiter Richtung Altstadt, am Eingang zum Holmer Friedhof, wird dieses Fundament des Christentums noch einmal beschworen.

Es scheint, als könne man das in der Familie derer von Pogwisch nicht oft genug tun. Die Leute von der Frosch-Wiese („Pog“ für Frosch und „Wisch“ für Wiese), einer der ältesten, weit verzweigten und lange Zeit einflussreichsten Ritterfamilien in den Herzogtümern Schleswig und Holstein, waren bekannt für ihr reso-

lutes, gar handfestes Handeln, auch wenn ihr immer wieder tüchtige Kirchen-Menschen entsprangen. Der Standesherr Wulf Pogwisch etwa, der seine Untergebenen sehr rücksichtslos behandelt haben soll. Oder Bertram von Pogwisch, ein „fanatischer Katholik", so der Geschichtsverein Bordesholm. Und nicht von ungefähr wird der Dichter Detlev von Liliencron (1844–1909) in seiner Ballade „Pidder Lüng", dieser Feier friesischer Unabhängigkeit, den brutalen Amtmann von Tondern mit Henning Pogwisch besetzt haben.

Auch Ulrike von Pogwisch und ihre Schwester Ottilie wurden hinreichend mit dem schwankenden Untergrund ihres großen Namens konfrontiert. Sie waren die Kinder aus der Ehe des Hauptmanns Wilhelm Julius von Pogwisch mit seiner Frau Henriette, geb. von Henckel-Donnersmarck. Sie haben an ihm gehangen und er an ihnen. Aber dann war er weg. Nach seinem Abschied aus dem aktiven Militärdienst hatte er mit Grundstücksspekulationen große Verluste eingefahren. Standesgemäß war das nicht, obwohl gar nicht selten, und so kam es auf Betreiben von Henriettes energischer Mutter zur Trennung der Eltern – für Ulrike und Ottilie sollte sich der Verlust familiärer Sicherheit zur Urkatastrophe ihres Lebens auswachsen. Doch zunächst begaben sich die drei Damen von Pogwisch nach Weimar, wo Henriette ab 1811 eine Stellung als Hofdame gefunden hatte.

Die beiden Schwestern kamen in der Gesellschaft der kleinen Residenzstadt gut an. August von Goethe, einziges Kind aus der Ehe des Dichterfürsten mit seiner Frau Christiane, geb. Vulpius, war besonders von der charmanten, lebhaften Ottilie beeindruckt. Als sich dann noch sein Vater als Brautwerber ins Zeug legte, stand 1817 der Hochzeit im Haus am Frauenplan nichts mehr im Wege. Ottilie aller-

Erbaut Mitte 19.Jh.: Das ehem. Wohnhaus der Priörin v. Pogwisch

dings blieb innerlich reserviert. Sie empfand August, der schon damals einen Ruf als Frauenheld und Alkohol-Geneigter hatte, als „fremdartig“; nur dessen alten Herrn, den mochte sie wirklich, was man auch daran erkennt, dass sie ihm bei späteren Krankheitsschüben selbstlos beistand.

Und Ulrike von Pogwisch? Sie war mit August und Ottilie in die Mansardenwohnung des Dichter-Hauses gezogen, wo sie etwa zehn Jahre lang wohnte (bis August von Goethe sie 1828 herauswarf). Drei Kinder gingen aus der Ehe von August und Ottilie hervor: Walther, Wolfgang und Alma von Goethe. Tante Ulrike war ihnen nahe, Mutter Ottilie nicht so, sie verstand sich mehr als Gesellschafts-Dame. Zusammen mit ihrer Freundin Adele Schopenhauer gab sie eine Zeitschrift heraus, „Chaos“ war ihr Titel. „Chaos“ in Weimar! Und ein Tod in Rom. 1830 starb August von Goethe in der Stadt am Tiber. Sein Körper war vom Alkohol-Mißbrauch aufgezehrt, sein Grab ist auf dem protestantischen Friedhof an der Cestius-Pyramide, sein Vater verfügte eine Inschrift mit GOETHE FILIUS, ohne den vollständigen Namen seines Sohnes und ohne dessen Daten.

Die Youngster dagegen, besonders „Wölfchen“, wurden vom Großvater Goethe nach Strich und Faden verwöhnt, ihn durften sie jederzeit in Anspruch nehmen. „Wie kleine Götter“ wuchsen sie heran, schreibt Dagmar von Gersdorff über „Goethes Enkel“, so der Titel des Buches. Währenddessen war ihrer Mutter das Glück nicht hold. Unstet und anspruchsvoll, wohnte sie, häufig von ihrer Schwester Ulrike begleitet, mal in Weimar, mal in Wien, wo sie sich erneut verliebte und ein Töchterchen, Anna Sybille, gebar, das bereits ein Jahr später verstarb. (Da hatte sich Annas Vater, ein Brite, bereits aus dem Staub gemacht.) 1832 hielt Ottilie die Hand Johann Wolfgang von Goethes, als der hinüberging, sie verehrte ihn bis zum letzten Atemzug. Nicht lange, da war der Tod schon wieder präsent. Diesmal traf er die Jüngste der Familie: Mit 17 Jahren starb in Wien Alma von Goethe – ein unbeschwertes Geschöpf im Gegensatz zu ihren Brüdern – an Typhus. Die geschwätzige österreichische Öffentlichkeit nahm Ottilie diese Todesursache nicht ab, man verfolgte sie mit Häme und Mord-Vorwürfen. Sorgen machen musste sie sich auch um ihre beiden Söhne Walther und Wolfgang, die beruflich nur mühsam Fuß fassen wollten.

Mag sein, dass Ulrike von Pogwisch der Kalamitäten in der Familie Goethe irgendwann überdrüssig war. Besaß sie nicht seit Juli 1807 gegen die Gebühr von 100 Reichstalern einen Eintrag im Protokoll des Schleswiger St. Johannis-Klosters, der ihr einen Platz im Damenstift zusicherte? Wohl wahr. Am 5. August 1859 traf sie an der Schlei ein, freundlich aufgenommen als eine Rückkehrerin an den alten Platz ihres Geschlechts. Und auch, weil sie zügig daran ging, dem heruntergekommenen Stift der Ritterschaft gesellschaftlich wieder Gewicht zu geben und zudem auf dem Klostergelände ein angemessenes, aber nicht aufwändiges Haus für sich bauen zu lassen. 1861 konnte sie es beziehen, drei Jahre später wurde sie zur Priörin gewählt; rund 200 Jahre zuvor war dieses Amt schon einmal an eine Pogwisch gegangen.

Ulrike von Pogwisch hatte ihren Platz gefunden. Die Neffen haben sie dort häufiger besucht, im Winter 1867/68 auch ihre Schwester Ottilie. Wie oft werden die Gespräche und Gedanken der beiden um Walther und Wolfgang gekreist haben. Walther, vom Dichter-Vater zusammen mit

Vor den Porträts einiger Priörinnen:
Der Leuchter aus dem Goethe-Haushalt

Von Weimar an die Schlei: Bestandteil des „Goethe-Silbers“

seinem Bruder als Universalerbe eingesetzt, kümmerte sich um den Nachlass in Weimar. Dem Selbstverständnis nach war er freilich Komponist, er bewunderte Robert Schumann, dem er homosexuell, so Dagmar von Gersdorff, zugetan war. Auch Wolfgang, eine Zeit lang im diplomatischen Dienst tätig, fand letztendlich keine erfüllte Existenz. Er wurde von Depressionen heimgesucht, Mutter Ottilie von Goethe war 1872 gestorben. Als dann noch drei Jahre darauf seine verehrte Tante, die Priörin, verstarb, wusste er sich keinen Rat mehr: „Ich beneide die Toten. Das Leben hier ist eine Grausamkeit.“ 1883 starb er vereinsamt in Leipzig, zwei Jahre später sein Bruder.

Ohne lebende Geschwister und ohne Nachkommen waren Walther und Wolfgang die letzten Goethes. Im Schutz des St. Johannis-Klosters haben sie wohl manches Mal, auf Besuch bei Ulrike von Pogwisch, Zuneigung und Stärkung erfahren. Beide standen sie am Grab ihrer Tante. Auch die war die Letzte ihres Geschlechts.

Mit dem Johannes-Kopf in der Mitte: Der Klosterorden der Priörin

Die Priörin galt, nach Schilderung ihrer Freundin Asta Heiberg, als „einfach, wahr und leutselig". Aber sie war auch eine Pogwisch mit „großem Selbstgefühl", trug nur schwarze Kleider, gerne mit Spitzenjabot, und wollte als erste Dame der Stadt wahrgenommen werden. Einmal hatte man sie zu einem Empfang, den der Landrat gab, vielleicht versehentlich nicht eingeladen. Da ließ sie gleichwohl vorfahren und als sie beim Defilee an der Reihe war, plauderte sie drauf los: Das könne ja jedem mal passieren, dass man was vergisst. Mokt nix. Ick bün ja dor. Der Landrat lächelte, die Frau Landrätin gab sich indigniert.

Manchmal ist es so: Wenn eine neue Zeit anbricht, stirbt ein Geschlecht lautlos, an Erschöpfung. Oder aber es zeigt, bevor die Nacht kommt, in einer Art Notblüte noch einmal und zum letzten Mal, zu welcher Präsenz, zu welcher Leistung dieses Geschlecht imstande war. Wie bei Ulrike von Pogwisch: Sie war kein dröhnendes Erz. Sie hatte die Liebe.

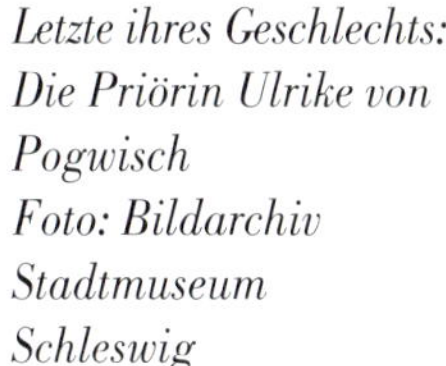

Letzte ihres Geschlechts: Die Priörin Ulrike von Pogwisch
Foto: Bildarchiv Stadtmuseum Schleswig

PROBST

BELIEBT, GELEHRT UND KRITISIERT

Der Klosterprobst Rochus v. Liliencron

Die Klostermauern sind dick. Nur selten dringen Informationen über Internes an die Öffentlichkeit. Zum Beispiel über das Verhältnis zwischen dem Probst und der Priörin. Eigentlich ist dieses ja recht naheliegend geregelt: nach dem „Buten-und-binnen"-Prinzip. Der Probst ist für die Außenbeziehungen des Klosters zuständig, damit auch für das Wirtschaftliche, und die Priörin sorgt sich um den Zu-

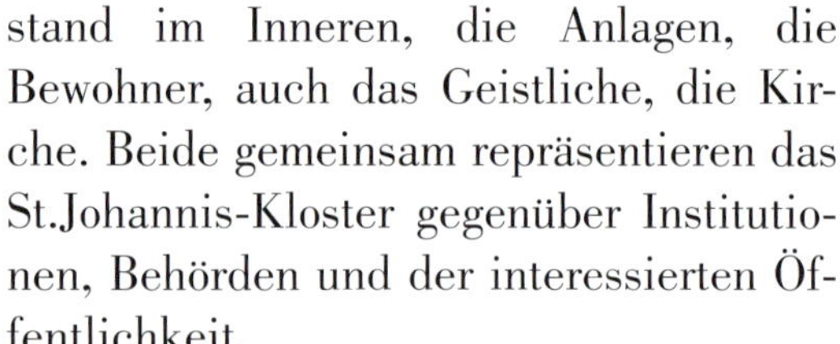

stand im Inneren, die Anlagen, die Bewohner, auch das Geistliche, die Kirche. Beide gemeinsam repräsentieren das St.Johannis-Kloster gegenüber Institutionen, Behörden und der interessierten Öffentlichkeit.

Sammelte auch historische Volkslieder: Der Probst Rochus v. Liliencron Foto: Bildarchiv Stadtmuseum Schleswig

Aber so harmonisch, wie das klingt und sich wohl auch derzeit darstellt, funktionierte die Zusammenarbeit beileibe nicht immer. Und besonders dann nicht, wenn auf beiden Seiten starke Persönlichkeiten aufeinander stießen. Die Klostergeschichte erzählt zum Beispiel davon, dass sich ein veritabler Streit um das Probstenhaus (heute das Bibelzentrum gegenüber der Kirche) entwickelte – der Bau stammt aus der Mitte des 18. Jahrhunderts. Er muss in einem renovierungsbedürftigen Zustand gewesen sein, als sich Probst von Ahlefeldt-Dehn entschloss, dort zu wohnen. Er bat die „Hochwürdige, Hochwohlgeborene, Höchstgeehrte Frau Priörin" um die Erledigung einer „unumgänglichen Reparation", was aber abgelehnt wurde: Dafür sei der Probst selber zuständig, allemal angesichts der „Dürftigkeit und Leere der Kloster Kaße", woraufhin von Ahlefeldt-Dehn erklärte, „die Unterhaltung des Hauses fernerhin nicht übernehmen" zu wollen. Über dem Streit verstarb die Priörin, die causa wurde schließlich vom dänischen König 1792 mit einem Vergleich erledigt.

Die Spannung zwischen Probst und der Priörin als Vorsteherin des Konvents der Stiftsdamen war bereits in der Basis des Klosterlebens angelegt. Die Klosterordnung von 1636 sicherte den Frauen ausdrücklich das Recht zu, den männlichen Probsten – früher auch „Prälat“ genannt – zu wählen. Das war, vorsichtig gesagt, erstaunlich, sollte auch immer wieder einmal abgeschafft werden. Ohne Erfolg. Überliefert ist der Stoßseufzer eines Probsten des ritterschaftlichen Klosters Uetersen: „Wie viel leichter ist es, ein Regiment Soldaten zu kommandieren als eine Handvoll Nonnen!“ Aber auch dieses Gegen-Statement: „Wer eine gewisse uneingeschränkte Freiheit im Denken und Handeln liebt, wird sichs nicht verhehlen können, daß die Ehe uns dieses Vorrechtes fast gänzlich beraubt. Nicht so eine Klosterdame.“

Selbstbewusst und hartnäckig zeigte sich der Inhaber des Probsten-Amtes bisweilen nicht nur intern, sondern auch extern, sogar gegenüber dem König von Preußen, dem Landesherrn, nachdem die Herzogtümer Schleswig und Holstein 1867, wie manche noch heute sagen, „annektiert“ worden waren. Als der Berliner einmal seine Erwägung, par ordre eine Konventualin im Kloster zu platzieren, zu erkennen gab, reagierte der Klosterprobst höchst ungewöhnlich – nämlich gar nicht. Er ließ entsprechende Schreiben einfach unbeantwortet. Sollte heißen: Der Probst bestritt dem König die Ausübung seines Platzierungswunsches, des ius primarum precum. Erst 1918 mit der Demission des Königs von Preußen und dem Ende der monarchischen Staatsform wurde diese Bestimmung, die Hunderte von Jahren Bestand gehabt hatte, aufgehoben.

Nun gab es sicherlich auch Klosterpröbste, die ihr Amt eher formal versahen, als Ergänzung ihrer Sammlung von Titeln, … aber Rochus Freiherr v. Liliencron (1820–1912), der war aus ganz anderem Holz geschnitzt. Seit 1876 amtierte er als Klosterprobst, der erste überzeugt preußi-

Grab auf dem Klosterfriedhof:
Rochus‘ Sohn, der Probst Luiz v. Liliencron

sche, Onkel des Dichters Detlev v. Liliencron und Vater des preußischen Generalmajors Luiz von Liliencron (1865–1937), später ebenfalls Klosterprobst von St. Johannis. Bereits im Alter von 28 Jahren habilitiert, wurde Rochus v. Liliencron 1850 a.o. Professor für nordische Sprachen in Kiel und wenig später a.o. Germanistik-Professor in Jena. Er war aber nicht nur wissenschaftlich hoch talentiert, sondern auch musikalisch, hatte schon als Primaner mit Beethoven geglänzt und durfte Felix Mendelssohn vorspielen.

Von Liliencron hat, darin ein Kind des an enzyklopädischem Wissen so interessierten 19. Jahrhunderts, drei große Sammelwerke in sein Leben verstaut, jedes für sich schon eine Herkules-Aufgabe. Noch vor seinem Amtsantritt im Kloster besorgte er die fünf Bände der Sammlung „Die historischen Volkslieder der Deutschen vom 13. bis 16. Jahrhundert". Und er übernahm die alleinige Herausgeberschaft der „Allgemeinen Deutschen Biographie", eine Arbeit, die ihn vier Jahrzehnte beschäftigen sollte, mit 56 Bänden und 26.000 einzelnen Artikeln. Schließlich kümmerte er sich auch noch um die Sammlung „Denkmäler deutscher Tonkunst" (45 Bände).

Seit 2019 im Amt: Der Probst Moritz Graf zu Reventlow

Ein Gelehrter wie er im Buche steht. Und Klosterprobst. Als Stadtprominenter gehörte er zum Komitee, das die Kaiserin Auguste Victoria bei ihrem Besuch in Schleswig anläßlich der Einweihung des Dom-Turmes begleitete. Das Probstenhaus auf dem Klostergelände wurde während seiner 36-jährigen Amtszeit – so lange war wohl noch kein Vorgänger Probst gewesen – zu einem Treffpunkt vieler bedeutender Persönlichkeiten. Aber Rochus von Liliencron hatte auch etwas Volkstümlich-Joviales. Eine alte Fotografie zeigt ihn im markanten Profil aus dem geöffneten Fenster schauend auf einem Sessel mit Zigarre zwischen den Fingern und natürlich mit einem Batzen von Manuskripten.

Vor diesem Hintergrund eines weit und breit anerkannten Lebens als Wissenschaftler geschah etwas bis dahin Unerhörtes, etwas, das sich „katastrophal für das Kloster ausgewirkt hat" (Schl.-Holst. Biographisches Lexikon): Probst Rochus von Liliencron verkaufte den finanziellen Grundstock des Klosters – Ländereien von etwa 6.500 Hektar mit etlichen Dörfern, Bauernhöfen, Kirchen und Mühlen – bis auf einen Rest von 5 Hektar für die Summe von fast einer Million Goldmark. Nach der ersten Inflation von 1923 verblieben davon noch 117.000 Mark, nach 1948 noch gute 7.000 DM. Wie hatte das kleine Kloster anfangs um seine wirtschaftliche Existenz kämpfen müssen und sich dann erfolgreich aufgerappelt! Jetzt war man nahezu insolvent geworden: Alles auf Anfang.

Mächtiges Gebäude: Das ehem. Probstenhaus (vorne links), heute Bibelzentrum

Liliencron glaubte, typisch für den überbordenden nationalen wie wirtschaftlichen Optimismus am Ende des 19. Jahrhunderts, St. Johannis sei damit für alle Zeiten gesichert. Man mag ihm auch zu gute halten, dass der Verkauf des Klosterbesitzes die gewiss mühsame Verwaltung der verstreut liegenden Ländereien aufhob. Der Probst muss sich auf der sicheren Seite gewähnt haben: Offenbar hatten weder der König von Preußen noch das Berliner Innenministerium noch gar die Ritterschaft gegen den Deal Einspruch eingelegt. Und war nicht die „Aufhebung der bisherigen Closter Oeconomi“ vom Konvent ausdrücklich befürwortet worden?

Trotzdem kam die Aktion des Probsten selbst unter Seinesgleichen nicht gut an. Henning von Rumohr, Klosterprobst von 1964 bis 1984, hat betont: „Das St. Johanniskloster kann (Liliencrons) nicht mit der gleichen Verehrung gedenken (wie die Öffentlichkeit)“, die den Gelehrten und Grandseigneur im Jahr 1900 zum Ehrenbürger von Schleswig machte. Doch der war eben ein bisschen auch … ein Spieler: Das mit dem Verkauf der Ländereien hätte ja auch gut gehen können!

Man möchte meinen: Die Ambivalenz ist damals der Liliencron-Familie, die gutbürgerlich in Bredstedt unter dem Namen Pauli angetreten war und vom Kaiser in den Reichsadel erhoben wurde, eingeschrieben gewesen. Ihr ehemals bedeutender Grundbesitz war auf Ende des 18. Jahrhunderts „fast völlig verloren“ gegangen. Auch Nachkomme Detlev von Liliencron (1844–1909), der bekannte Dichter („Detlev“ ist ein Pseudonym), musste immer wieder mit arger Finanznot auskommen, was ihn veranlasst haben kann, tief und kritisch in die Familiengeschichte hineinzusehen: „Alles, alles Unglück ist Schuld“, schrieb er in einem Brief. Ob auch sein Onkel, der Probst, damit gemeint war?

KONVENT

„GALANTE BRAUT IM BESTEN ZIERRATH“

Wie man als Konventualin ins Kloster kommt

„Wenn wir wollen, dass alles so bleibt, wie es ist, dann ist es nötig, dass sich alles verändert.“

Er wusste, wovon er sprach. Als der Schriftsteller Giuseppe Tomasi di Lampedusa (1896–1957) diesen Satz dem ungestümen jungen Prinzen Tancredi in seinem Roman „Der Leopard“ in den Mund legte, war der einstige Glanz seiner eigenen Familie aus sizilianischem Uradel bereits, nein, nicht gänzlich verblichen, aber doch stumpf geworden. Ein Hauch solcher teils melancholischen, teils auf Veränderung drängenden Stimmung mag auch über den alten Adelsgeschlechtern wahrgenommen werden, die nach der Reformation den Konvent des St. Johannis-Klosters angefüllt haben. Die Schleswig-Holsteinische Ritterschaft hatte darauf gepocht, die Verantwortung über die vier künftigen Damenstifte zu übernehmen, schließlich war ihr diese auch zugefallen.

Formal gesehen war ein großer Veränderungsdruck zunächst nicht zu erkennen. Die Klosterordnung von 1636, das „Grundgesetz“ der Institution, regelte nach wie vor, wie zu verfahren war. Welche althergebrachten Rituale nachzuvollziehen waren. Etwa, bei der Einführung einer neuen „Konventualin“, wie die „Nonnen“ aus katholischer Zeit jetzt genannt wurden (und bis heute so bezeichnet werden). An dem Festtag, das kann man der Zustands-Beschreibung des „Hoch-Adelichen Jungfern-Klosters Sanct Johannis“ von Ulrich Petersen aus dem Jahr 1711 entnehmen, wurde die Kandidatin –„in ihrem besten Zierrath als eine galante Braut geschmücket“ – mit einer „zierlichen Compliment-Rede“ dem Konvent vorgestellt. Wenn die Priörin diese beglückwünscht und damit aufgenommen hatte, musste sie ihre weltliche Kleidung abstreifen und den neuen „Nonnen-Habit“, genannt „Kapp und Klar“, anlegen.

Währenddessen begannen die Klosterglocken dreimal zu läuten, denn jetzt zog die ganze Gemeinschaft in die Klosterkirche zum Gottesdienst. Die „junge geistliche Braut“ wurde dort mit dem Lied „Wie schön leuchtet der Morgenstern“, einem Gesang über die Vereinigung mit Christus, basierend auf dem Hohelied Salomos aus dem Alten Testament, empfangen. Nach dieser Zeremonie durfte sich die neue Konventualin, so schreibt Petersen, „aus dem unruhigen weltlichen“ in den „ruhigen geistlichen und himmlischen Stand versetzet und verhöhet“ fühlen, sodass man sich anschließend zur Tafel niederlassen konnte. Der Abend wurde „mit einer galanten Kurtzweil“ beendet, bei der auch die Johannes-Schüssel, das Haupt des Täufers, eine Rolle spielte.

Am nächsten Tag dürfte sich bei der nunmehr Immatrikulierten große Erleichterung breit gemacht haben. Vielleicht hatte diese ja schon jahrelang auf die Gelegenheit gewartet, ins Kloster einzuziehen. Sie wird als erste Voraussetzung ihren Grundbesitz im Lande, möglichst an die 200 Hektar, nachgewiesen haben oder zumindest, dass die Familie schon länger landsässig sei. Um eingeschrieben zu werden, hatte das „expectivierte Fräulein" eine Immatrikulations-Gebühr entrichtet. Sodann musste eine Vakanz entstanden sein, die in der Reihenfolge der Einschreibungen besetzt wurde. Bei der Einführung selbst waren dann noch einmal (weiß Petersen) 125 Taler fällig – der Betrag liegt aktuell nach Angabe der Priörin Ina von Samson-Himmelstjerna bei 1.200 Euro – und gerne auch zwei Hektar zur Arrondierung des Klosterbesitzes, falls man angrenzenden Boden hatte. Dafür bezog und bezieht die glücklich eingeführte neue Konventualin die Versorgung durch das Stift sowie ein monatliches Taschengeld.

Die ganze Prozedur ließ sich aber auch abkürzen. Und zwar immer dann, wenn der Landesherr sein „ius primarum precum", das sogenannte „Recht der ersten Bitte" geltend machte. Damit konnte er, einmalig, eine Dame seines Gefallens auf die frei gewordene Stelle als Konventualin im Kloster schieben, unter Umgehung des sonst üblichen Rechts der Ritterschaft, darüber zu befinden. „Er" – das war der Schleswiger Herzog, der dänische König und schließlich auch der König von Preußen (bis 1918).

Dieser Landesherr achtete darauf, dass ihm seine Rechte nicht abspenstig gemacht wurden. So nahm der dänische König nach dem erfolgreich beendeten Nor-

Unter Glockengeläut: Die Einführung der neuen Konventualin

Für besondere Gelegenheiten im Kloster ausleihbar: Die Brautkrone

dischen Krieg (1700–1721) das Kloster regelrecht an die Kandare. Als etwa der Klosterprediger Andreas Murray von der Kanzel gegen „unmässige und verderbliche Spiele" wetterte und eine Konventualin sich weigerte, ihren weltlichen Vergnügungen zu entsagen, sich, mehr noch, in Kopenhagen über Murray beschwerte, ließ der König mitteilen, den Prediger erwarteten seine „Ungnade und andere schwere Ahndungen", wenn er noch einmal solche Forderungen erhebe. Das klingt kurios (Murray suchte nach der kgl. Drohung das Weite), aber es gab auch ernsthaftere, politisch motivierte Interventionen.

Noch 1863 – ein Jahr vor dem Deutsch-Dänischen Krieg, der für das dänische Königreich mit einer Niederlage endete – enthob das Kopenhagener Ministerium für das Herzogtum Schleswig den Klosterprobsten Magnus v. Buchwaldt seines Amtes, weil dieser sich geweigert hatte, den sogen. Homagial-Eid, einen mittelalterlichen Lehnseid, auf den neuen dänischen König zu leisten. Drei Jahre hatte es gedauert, drei Jahre überwiegend verbracht mit Einsprüchen aus Kopenhagen, darunter auch dem berechtigten Monitum, bei einem der Wahlgänge hätten nur 5 von 10 Konventualinnen abgestimmt und vier seien erst gar nicht zur Wahl eingeladen worden …, bis mit v. Buchwaldt ein vom Konvent für passend befundener Kandidat ausgemacht worden war.

Will den Geist des Klosters bewahren: Priörin Ina von Samson-Himmelstjerna

Auch in preußischer Zeit ab 1867 wurde gegenüber dem Kloster durchregiert. Den Nazis war in den 1930er Jahren der relativ unabhängige Status des Klosters sowieso ein Dorn im Auge. Man verfolgte, schreibt der Historiker Henning von Rumohr, lange Zeit selber Klosterprobst von St. Johannis, „insgeheim" den Plan, das Kloster (wie auch die anderen drei) der Ritterschaft zu entziehen und für die „Versorgung von Töchtern verdienter Offiziere, Beamter und Amtsträgern der Partei" umzuwidmen. Das wäre der Tod der immer noch geistlich fundierten klösterlichen Eigenart gewesen und ist seit 1945 glücklicherweise reine Reminiszenz.

Gelegentlich aber musste sich der Konvent von St.Johannis mit der Priörin an seiner Spitze nicht nur extern, sondern auch intern behaupten. Sogar gegenüber den Ansprüchen der Ritterschaft. Die Spannung resultierte aus dem ungewöhnlichen Recht der Schleswiger Damen, mit der Mehrheit ihrer Stimmen den Klosterprobsten zu wählen und zu bestallen. In einer Urkunde für den 1761 gewählten Probsten Cay Rantzau heißt es, er möge der Priörin und dem Konvent „getreu und hold seyn" sowie „in Closter-Sachen keine Neuerung und Veränderung ohne der Frau Priörin und der ältesten Fräulein vorwissen, consens und Vollmacht" vornehmen. Das Interesse an der Änderung des Wahlrechts und dessen Konsequenzen mag, das vermutet von Rumohr, auch daher gerührt haben, dass die Herren Ritter mit der Wahl des Klosterprobsten „die Entscheidung über bedeutende Vermögenswerte (nicht) in die Hand von mehr oder minder geschäftsgewandten Damen legen" wollten.

Nun ja, derjenige, der im 19. Jahrhundert tatsächlich das Vermögen des Klosters weitgehend auskehrte, war ein Mann, nämlich Probst Rochus von Liliencron.

Das St. Johannis-Kloster hat sich im Laufe seiner Geschichte immer wieder, nein, nicht wie Schleswig „neu erfunden", genau das nicht, erstaunlicherweise nicht, aber doch auf den Prüfstand noch zeitgemäßer Regularien gestellt. Der zentralen Vorgabe, dass nur die Töchter aus Familien der Schleswig-Holsteinischen Ritterschaft den eingeschriebenen Anspruch auf einen Platz im Konvent erwerben können, wird schon seit langem nicht mehr Folge geleistet. Auch musste eine Stiftsdame auf dem Klostergelände Wohnung nehmen – daraus ist heute der Wunsch geworden, zumindest Kontakt zum Kloster zu halten, was sich aber, so die Erfahrung der Priörin v. Samson-Himmelstjerna, als „ziemlich schwierig" erweist, da die meisten Konventualinnen inzwischen im Ausland leben.

Auch die einstige Residenzpflicht des Klosterprobsten ist bereits in der Klosterordnung von 1636 relativiert worden und besteht heute nicht mehr. Oder dies: Jedenfalls zur Einführung einer Novizin hatten alle Konventualinnen, selbst die auswärtigen, im Kloster präsent zu sein, heute darf man! das Votum schriftlich abgeben. Auch die Eidesformel, die mit der Wahl des Klosterprobsten durch die Konventualinnen verbunden ist, muss nicht mehr körperlich gesprochen werden, es reicht eine Unterschrift. Kurzum, über den althergebrachten Ritualen und Verabredungen waltet, nach Theodor Fontane, eine „milde Observanz".

Die Priörin Ina von Samson-Himmelstjerna aus einer preußischen Offiziersfamilie hat – wie Tancredi in Giuseppe Tomasi di Lampedusas „Der Leopard" – mit der Notwendigkeit von Veränderungen keine Probleme. Ihr Zuhause, das Gut Falkenberg am nördlichen Stadtrand von Schleswig, war ursprünglich eine Raststation an der zentralen Trasse durch Schleswig-Holstein, dem Ochsenweg, und im Wald nebenan finden sich die Reste der ersten Schleswiger Bischofsburg. Aber das ist Geschichte. Heute kann man auf dem schön gelegenen Gut eine Ferienwohnung mieten. Auch das St.Johannis-Kloster ist voller Mietwohnungen. Von Samson weiß: „Nach der Reformation hat sich mit jeder Priörin etwas verändert." Sie lächelt: „Vielleicht auch schon vorher."

Eines aber, so hofft die agile Adlige, soll sich nicht ändern: „Der Geist dieses Klosters." Zwei junge Damen aus ihrer Familie hat sie in die Klosterrolle einschreiben lassen.

Die sind jetzt „expectiviert."

FRIEDHÖFE

SCHLAFESBRUDER

Schleswig hat viele ungewöhnliche Friedhöfe

Komm o Tod Du Schlafesbruder
Komm und führe mich nur fort
Löse meines Schiffleins Ruder
Bringe mich in sichern Port …

Diese Zeilen finden sich auf dem Grabmal des Schiffers Hans Jürgen Jahn, das an der Kapelle auf dem Holmer Friedhof (Original im benachbarten Holm Museum) Position bezogen hat. Auf der Kalkstein-Stele zusätzlich eingekerbt sind besagtes Schiff unter Segeln und mit gleich drei Flaggen, hintendran ein Gerippe mit Stundenglas in der knöchernen Hand sowie die Jahreszahl 1872, das Sterbejahr von Jahns Frau Maria Catharina. Der Schiffer, der auch eine Gastwirtschaft in der heutigen Süderholmstraße 17 betrieb, wurde 48 Jahre alt; er starb den „Strohtod" ein Jahr nach seiner Frau. Diese hingegen, so das Totenregister der Domgemeinde, „hat ihr Alter gebracht auf 100 Jahre 6 Monate".

Grabstein an der Wand der Holmer Kapelle: Denkmal einer ungewöhnlichen Liebe

Zu solch ungewöhnlicher, in ihrer Schlichtheit noch heute anrührender Liebes- wie Sterbegeschichte passt, ebenfalls am Friedhofseingang, eine Abfolge sorgfältig vergoldeter Symbole auf einem metallenen Pfosten von 1863, zugleich das Motto der Holmer Beliebung: Anker, Kreuz, Herz und darüber ein Schmetterling, der sich aus seiner Verpuppung befreit. Es sind dieses die christlichen – auch von der christlichen Seefahrt benutzten – Zeichen für „Glaube, Hoffnung, Liebe", bezogen auf den 1. Korinther-Brief des Apostels Paulus im Neuen Testament, wo es heißt: „Wir werden nicht alle entschlafen, wir werden aber alle verwandelt werden."

Der Holmer Friedhof, mitten im Stadtteil wie sonst nirgendwo, im Besitz der Holmer Beliebung mit der Tradition einer kostenlosen Bestattung für alle Beliebungs-Mitglieder, dann der schön bewaldete Neue Domfriedhof, der Michaelisfriedhof mit manchen Überresten seines Vorgängers auf dem Michaelisberg über der Stadt, der Militärfriedhof in einer stillen Senke an der Flensburger Straße, der von Archäologen ergrabene Friedhof unter dem Marktplatz oder der Klosterfriedhof St. Johannis, gelegen an der Nordseite der Kirche: Sie alle und noch viel mehr passen zu einer Stadt, deren exponierte Lage immer wieder Kriegshandlungen samt zugehöriger Gräber provozierte und die zudem, neben dem Dom, im Laufe der Zeit versehen war mit sieben Pfarrkirchen und vier Klöstern. Schles-

Mit Symbolen geschmückt: Der Eingang zum Holmer Friedhof

wig ist, wie kann es anders sein, eine Friedhofs-Stadt.

Zum Beispiel der Klosterfriedhof. Auf kleinem Terrain wirkt er spärlich bestückt, gehört aber sicherlich zu den prominentesten Grablegen. Hier sind viele der Priörinnen und Pröbste bestattet, Henny von Schiller 2012 als letzte, oder der Probst Luiz von Liliencron mit einem massiven Merkzeichen aus Granit, was passt. Auch sein Vater Rochus von Liliencron war bereits Klosterprobst. Besonders auffällig der polierte Stein für Carl Gottlieb Bellmann, den Sohn eines Maurermeisters, Kloster-Kantor und Komponisten des „Schleswig-Holstein-Liedes". Leicht zu übersehen dagegen das schmale, weiße Marmorkreuz für Ulrike von Pogwisch, eine der interessantesten Persönlichkeiten in der langen Geschichte des Klosters. Gleich am Eingang ein Brocken aus dem Geschiebe der Eiszeit, aus dessen nach Osten gewandter, roher Oberfläche sich das Kreuz der Christen herausschält. Keine weitere Inschrift, nur der Hinweis auf den 1. Korintherbrief mit Glaube, Hoffnung, Liebe.

Doch der Eindruck eines abseitigen Gottesackers täuscht. Denn dies ist nur der „offizielle" Klosterfriedhof. Das Klosterareal insgesamt ist unterfüttert mit Gebeinen. Grabplatten im Boden der Kirche aus Kalkstein, Schiefer, Sandstein und Granit, Gräber unter dem Kreuzgang, Gräber unter dem ehem. Probstenhaus, dem heutigen Bibelzentrum. Bei der Tieferlegung des Kellers im Zuge seiner letzten Renovierung war man auf eine ganze Anzahl von Skeletten gestoßen, die dann wieder mit dem anstehenden Sand bedeckt wurden. Und natürlich: Gräber im Innen-Geviert. Nicht nur auf dem Holmer Friedhof kreisen die Lebenden um die Toten.

So namenlos geht es selbstverständlich in dem St. Peter geweihten Dom, neben

dem Gottorfer Schloss das dominierende Gebäude der Stadt, nicht zu. An der Nordflanke seines „Hohen Chores" platziert, aus Alabaster und Marmor gefertigt, fällt die Grablege des Gottorfer Herzogs und Königs von Dänemark und Norwegen, Friedrich I. (1471–1533), ins Auge. Die Pracht ist allerdings leer, der Kenotaph wurde erst viele Jahre nach seinem Tode errichtet, der Herrscher ruht in der benachbarten Fürstengruft. Ebenso wie der populäre Herzog Friedrich III. (1597–1659), der in seiner Festung in Tönning

Ein Ort für die Lebenden: Der Holmer Friedhof im Winter

verstorben war. In sein aufwändiges, ellenlanges „Leichbegengnis“ durch die Stadt zum Dom hin reihten sich auch Priörin, Probst und Konventualinnen des Adeligen Klosters St. Johannis ein.

Die Schleswiger Bischofskirche hat in ihrer bewegten Geschichte seit dem frühen 12. Jahrhundert eine Fülle ungewöhnlicher Ereignisse erlebt. Auch etliche Epitaphe zeugen von der erwünschten Erinnerungs-Stütze durch die sakrale Umgebung. Doch viel verrückter als in der (legendenhaften) Geschichte um den dänischen König Abel dürfte es selten zugegangen sein. Der konnte nämlich – nachdem er seinen Bruder Erik hatte umbringen lassen und danach selber im Kampf gegen die Friesen gefallen war – im Dom seine Ruhe nicht finden, vor allem aber fanden diejenigen, die den Lärm, den der tote Mörderkönig veranstaltete, ertragen mussten, im Dom keine Ruhe mehr, sodass der Leichnam exhumiert und sehr unstandesgemäß in den sumpfigen Wald des Gottorfer Geheges verbracht wurde, nicht ohne ihm zuvor, so heißt es,

Eduard Sieg
geb. am 26. Aug 1826,
gest. am 19. Febr 1899

An der Nordseite der Kirche: Der Klosterfriedhof

nun ja, einen Pfahl durch die Brust getrieben zu haben. Dort im Wald jedenfalls gibt es einen unauffälligen Stein, in den „König Abels Grab 1252“ eingeschlagen worden ist. In stürmischen Nächten soll Abel mit der „Wilden Jagd“ über die Baumkronen hetzen.

Weiter südwestlich, vom ehemaligen „Tiergarten“ nur getrennt durch ein anmutiges Wiesental, das vom Hasselholmer Wasserlauf feucht gehalten wird, was wiederum hoch aufschießende Schachtelhalm-Familien und das selten gewordene Wiesenschaumkraut erfreut, steigt die Moränenlandschaft erneut an. Ganz oben auf einem ihrer bewaldeten Hügel befindet sich ein anderes Grab. Genauer gesagt sind es drei Gräber, abgedeckt von schwarzen, polierten Marmorplatten, umrahmt von einem eisernen Gitter, die jetzt von fleißigen Schülern der Schleswiger Bruno-Lorenzen-Schule gepflegt werden. Wer sich durch einen kleinen Tunnel unterhalb der Bundesstraße 76 vorgearbeitet hat, erkennt die Beschriftungen der drei schwarzen Platten: Es sind die Gräber von Ulrich Graf Brockdorff-Rantzau, seinem Bruder und seiner Mutter. Alter schleswig-holsteinischer Adel, was beide Namen betrifft. „Annettenhöh“ nach der Frau des ersten Besitzers heißt das Gelände und darauf das gänzlich unpompöse Herrenhaus.

Das Kreuz im Felsen: Hinweis auf den biblischen Korintherbrief

Ulrich Graf Brockdorff-Rantzau, ein Brockdorffscher Adoptivsohn, war Diplomat, aber einer mit eigenem Kopf. So lehnte er es als liberal wie national denkender Außenminister der „Weimarer Republik“ 1919 in Versailles ab, eine deutsche Alleinschuld für den Ersten Weltkrieg festschreiben zu lassen – wohl aber eine Mitschuld, wie Historiker, etwa der Brite Christopher Clarke, das heute auch sehen. Der Natur-Liebhaber Brockdorff-Rantzau hatte das Herrenhaus „Annettenhöh“ in der Familie geerbt, heute befindet sich dort das Archäologische Landesamt. Die Schleswiger Straße, die auf die Höhe führt, wurde nach dem Adligen, der später auch noch als deutscher Botschafter in Moskau eine bemerkenswerte Figur machte, benannt. Er starb 1928 in Berlin an den Folgen eines Schlaganfalls.

Der Tod auf dem Schlachtfeld ist da weniger zivil. Die deutsch-dänischen Kämpfe im 19. Jahrhundert hatten ihre eigene, brutale Wucht. Um so wichtiger mag es sein, wie man heute mit dem gemeinsamen Gedenken an diese Toten, mit ihren

Gedenken überall: Diese Grabplatte befindet sich im Chorraum der Kirche

Grabsteinen und Gräbern umgeht. Wenig gut umsorgt zeigt sich die Anlage mit den alten Grabstellen auf dem Michaelisberg hinter dem Gemeindehaus hoch über der Stadt. Mustergültig gepflegt dagegen die alten Gräber an der Dreifaltigkeitskirche im Stadtteil Friedrichsberg, die 2006 durch dänische, deutsche und österreichische Soldaten instandgesetzt worden sind. Ähnlich ansehbar und lehrreich wie der gesamte Militärfriedhof im stillen Gottorfer Wald an der Flensburger Straße. An den vielen Grabmalen dort (wie auch in Haddeby und Selk) spiegeln sich die Kataklysmen und Katastrophen des 19. und 20. Jahrhunderts. An die 30 von ihnen, alle aus Holz, wurden jeweils ganz individuell von dem bedeutenden Altonaer Bildhauer Karl Spethmann gestaltet. Sie stehen da wie eine Familie, deren Mitglieder sich Trost zusprechen.

Zurück auf dem Holm, zurück auf dem Kloster-Gelände. Zurück im Kleinen. Und zurück mit einem Lächeln. Im Park des Bibelzentrums gibt es eine große Zeder. Zedern können sehr alt werden. Seit Jahrtausenden dient Zedernholz als Räucherwerk bei religiösen Zeremonien. Eines Tages lag unter der Zeder im Park eine Decke. In dieser Decke befand sich … ein toter Hund. Und ein Zettel mit den Worten: „Hier ist ein guter Ort, um ihn zu begraben.“

Das wurde dann auch gemacht.

MORDE

HÄTTE ER NUR AUF DEN SPIELMANN GEHÖRT!

Der Mord am Dänenprinzen Knud Laward machte diesen zum Reichs-Heiligen

Der Schleswiger St. Petri Dom im Morgennebel

Es waren zwei Königssöhne. Beide ehrgeizig, intelligent und kampfstark, aber wohl auch, ach, ach, ein wenig naiv, sonst hätte man sie nicht in tödliche Fallen locken können.

Einer, der so endete, ist der Dänenprinz Knud Laward (1096–1131). Nach dem Tod seines Vaters, König Erich Ejegod (1056–1103), während einer Pilgerfahrt ins Heilige Land wurde dessen Bruder Niels neuer Herrscher im Staate Dänemark. Natürlich favorisierte König Niels den eigenen Sohn Magnus als potenziellen Nachfolger, aber Knud sicherte sich, halbwegs erwachsen, viel Zustimmung durch tatkräftiges Handeln. Von seinem Onkel zum „Jarl" (ähnlich wie der Beiname „Laward" ein Ausdruck hohen Ansehens) von Schleswig ernannt, befestigte er die Jürgensburg auf einer Insel in der Schlei, als Herzogssitz der Vorläufer von Schloss Gottorf, und sicherte das südliche Jütland gegen die allgegenwärtigen slawischen Einfälle. Er schob die Wirtschaft kräftig an und ließ sich sogar als Ältermann in die später nach ihm benannte Gilde der durch Schwur verbundenen Fernhandelskaufleute („Hezlagh") aufnehmen. In Schleswig war er beliebt, aber auch bei seinem Nachbarn südlich der Elbe, dem sächsischen Herzog Lothar, späterhin deutscher Kaiser, an dessen Hof er sich als junger Mann aufgehalten hatte.

Lothar von Supplinburg (1075-1137) dachte strategisch. Er belehnte seinen Vertrauten Knud Laward – als die slawische Fürstenlinie in Wagrien, dem Nordosten des Landes, ausgestorben war – mit der Königskrone der Abodriten (so hieß der Stamm dort), sodass dieser dem dänischen König jetzt auf Augenhöhe begegnen konnte. Das tat er auch, als sich beide im Jahr 1130 im Thronsaal der Schleswiger Königspfalz gegenübertraten. Aber genau damit trat der „Kriegsfall" ein. Während König Niels den absichtlichen Bruch des Protokolls (schließlich war Neffe Knud noch sein Untertan) halbwegs wegsteckte, war sein Sohn Magnus ganz und gar nicht versöhnlich gestimmt. Er hatte den ehrgeizigen Knud nun endgültig als Gefahr für die eigene Herrschaft geortet. Er musste seinen Vetter ausschalten.

Die Einladung zum gemeinsamen Weihnachtsfest nach Roskilde auf der Insel Seeland hatte freundlich geklungen, der Schleswiger nahm sie ohne Arg an. Zur privaten Nachfeier wollte man sich in der Nähe des benachbarten Ortes Ringsted treffen. Auf einer Lichtung im dichten Wald von Haraldsted wartete Knud Laward auf seinen Vetter Magnus, als plötzlich von allen Seiten Bewaffnete aus dem Unterholz hervorstürmten und den vertrauensseligen Königssohn niederstachen. Am 7. Januar 1131. Kurz zuvor hatte ein deutscher Spielmann noch versucht, den Ritter zu warnen, indem er ihn auf die Siegfried-Saga hinwies. Vergeblich.

Knud Laward wurde in der Kirche zu Ringsted, später die Grablege der Könige von Dänemark, bestattet. Bald schon verehrte man ihn wie einen wundertätigen Heiligen. Seine blutgetränkten Kleider wurden auf Volksversammlungen gezeigt. Sein Konkurrent Magnus hatte an der von ihm dirigierten Tat keine Freude: Er fiel im Kampf mit dem Heer von Knuds Halbbruder Erik Emune. König Niels dagegen wagte es, 1134 erneut die Stadt Schleswig, Knuds Hochburg, zu besuchen. Das war ein Fehler. Denn die Anführer der zu einer „Kommune" verschworenen Stadtgemeinde zögerten nicht, den Mord an ihrem beliebten Stadtherrn zu rächen und den König samt Gefolge auf dem Weg zwischen Dom und Pfalz zu töten.

Die Knud-Laward-Straße zwischen Altstadt und Holm erinnert an den immer noch volkstümlichen Reichs-Heiligen. Sie entstand, als 1935 der Wasserarm „de Beek", der bis dahin den Holm vom Rest der Stadt trennte, zugeschüttet wurde, damit eine direkte Zufahrt zu den Kasernen auf der „Freiheit" möglich war. Und dann gibt es natürlich heute noch die „Altstädter St. Knudsgilde von 1449" – ebenfalls ein Fingerzeig auf das Charisma des ermordeten Schleswiger Anführers. Ein unmittelbarer Zusammenhang mit der schon bald nach dem Tod Knud Lawards so benannten „Knuds-Gilde" des 12. Jahrhunderts konnte erst kürzlich sehr wahrscheinlich gemacht werden. Das wäre ein kontinuierliches Gilde-Geschehen über die Jahrhunderte hinweg! Alle drei Jahre wird seit Mitte des 15. Jahrhunderts ein großes Schützenfest gefeiert: Im schwarzen Anzug mit Zylinder, weißen Handschuhen und einer roten Rose im Knopfloch zeigen die Gildebrüder, wie auch die Mitglieder der anderen Gilden in Schleswig, was gelebte Tradition sein kann.

Noch einmal zurück. Wir sind jetzt gute 100 Jahre nach der Ermordung von Knud Laward 1131. Das 13. Jahrhundert, an dessen Beginn das von den frommen Benediktinerinnen betriebene St. Johannis-Kloster auf dem Holm, damals eine Insel in der Schlei, gegründet wurde und an dessen Mitte die fürstliche Beurkundung das Existenzrecht dieses Klosters absicherte, sollte im Norden Schleswig-Holsteins ein besonders gewaltsames werden. Eingespannt in die Interessengegensätze zwischen Dänen und Deutschen schwankte die Grenzregion mit Schleswig in ihrer Mitte wie ein kleines Schiff auf den Wogen des Meeres. Kämpfen um die Vorherrschaft folgten häufig brutale Plünderungen und das Ermorden von Rivalen galt nach wie vor, wie schon 1131 bei Knud Laward, als probates Mittel der Politik – obwohl doch der Körper des Königs sakrosankt sein sollte. Dennoch wurde erneut „der Mensch ein Wolf für den Menschen“, wie später der Philosoph Thomas Hobbes (1588–1679) klassisch formulierte. Als Gerhard III. aus der Rendsburger Linie der Schauenburger Grafen, die in Holstein das Sagen hatten, im dänischen Einflussgebiet Fuß fassen wollte und während eines Heerzugs schwächelte, schlug eine Gruppe Adliger „den seken man uppe sinen bedde dot, darto sinen capellan unde der knappen“, so eine Chronik.

Dass mit solchem Vorgehen die Saat für weitere Verwerfungen gelegt wurde, scherte im Moment des Erfolges über den Rivalen durchaus nicht. So war das auch beim Streit zwischen den dänischen Königssöhnen Erik (1216–1250) und Abel (1218–1252). Ihr Vater, König Waldemar II., hatte es nur gut gemeint, als er dem einen, Erik, die Thronfolge zusicherte und dem anderen, Abel, das Herzogtum Schleswig. Da hatte er aber nicht mit dem Ehrgeiz seiner Sprößlinge gerechnet. Bevor die militärische Entscheidung beim Kampf um die Festung Rendsburg fallen sollte, besuchte Erik seinen Bruder, der auf der Jürgensburg residierte – wohl am 9. Au-

Erstürmung der Möweninsel: 1867 verboten die Preußen das Spektakel
Foto: Bildarchiv Stadtmuseum Schleswig

gust 1250. Vielleicht wollten die Streithähne versuchen, sich beim Schachspiel gütlich zu einigen.

Nach einem in der Tat freundlichen Empfang ließ Abel schnell die Maske fallen: Der arglose Erik wurde gefangen genommen, die Schlei abwärts bis nach Missunde verschifft und dort ermordet. Holmer Fischer sollen den Leichnam samt abgetrenntem Kopf, der „allerdings an der Haut noch etwas festhing" (so der dänische Statthalter Heinrich Rantzau in seiner „Neuen Landesbeschreibung" von 1597), später aus dem Wasser geborgen und diesen über die Gasse „Fuß am Holm" an Land getragen haben. Auch für den Fall der Entdeckung des Verbrechens hatte Abel vorgesorgt. 24 Eideshelfer „reinigten" ihn mit ihren Aussagen von jedem Verdacht, sodass er kurz darauf zum dänischen König gekrönt werden konnte. Doch die Früchte seiner bösen Tat hielten nicht lange vor; bereits 1252, zwei Jahre später, fiel Abel im Kampf mit den Friesen in der Nähe von Oldenswort.

Heute liegt die so genannte „Möweninsel", auf der einst das „prächtige Schloss eines machthungrigen Herzogs" (Holger Rüdel, ehem. Leiter Stadtmuseum) thronte, in schöner Abgeschiedenheit wie ein Nabel im Becken der Schlei. Der Bergfried der Jürgensburg findet sich (wohl) im Turm des Schleswiger Stadtwappens wieder. Kormorane, keine Ritter, aber auch ziemlich rücksichtslos dreinschlagend, haben das naturgeschützte Eiland zu ihrem Stützpunkt erkoren und im Hochsommer, wenn die Weidenröschen blühen, leuchtet der sandige Flecken weithin rosarot.

Außerdem sind die Möwen dort zuhause, ganze Kolonien, vor allem von Lachmöwen. Das sollen, so die Sage, Abels Leute sein, die von dem Ausgangspunkt des Verbrechens nicht loskommen können und fortwährend „Erik, Erik"-Schreie ausstoßen müssen. Früher ging's einmal im Jahr diesen Möwen an den Kragen. Dann stürmten die Schleswiger die Anhöhe, holten sich die schmackhaften Eier und schossen auf das weiße Geflatter. „Möwenpreis" nannte sich die Aktion, ausgetragen unter der Aufsicht des „Möwenkönigs", eines Holmer Fischers. 1867 setzte die pingelige preußische Obrigkeit dem Treiben ein Ende, 1989 verbot das Land Schleswig-Holstein den Handel mit Möweneiern, die Schadstoffbelastung der delikaten Speise war zu hoch.

Aber noch einmal zurück, diesmal zu König Abel. Nach dessen Tod ergriff Christoph, der dritte, der einzige noch lebende Sohn von Waldemar II., seine Chance und ließ sich flugs zum dänischen König krönen. Kurz darauf wurde Schleswig von dessen Gegnern, einer Koalition aus Parteigängern Abels und dem Ritterheer Holsteiner Grafen, angegriffen, erobert und geplündert. Dazu gibt es einen Bericht, der nicht vorschnell als legendenhaft abgetan werden kann und der manch wundersames Geschehen im Dom St. Peter schildert. So sollen Darstellungen von Heiligen geschwitzt haben und wer das nicht glauben wollte, wie einer der Plünderer, der sei plötzlich wahnsinnig geworden oder ihm seien die Knochen verrenkt worden. Insgesamt sollen 19 Plünderer von solch heftigen Gewissensbissen befallen worden sein, dass sie ihre Beute an das Gotteshaus zurückgaben. Auf Kirchenraub stand im Mittelalter die Todesstrafe.

Aber auch auf Selbstüberschätzung.

Die Möweninsel mitten in der Schlei: Hier befand sich die Jürgensburg (vorne das Haddebyer Ufer)

DAS GEHEIMNIS DER GLOCKEN

Von der Psychoakustik bis zur Mission in Haithabu

12 Uhr mittags, aber diesmal nicht in der amerikanischen Kleinstadt Hadleyville.

Die Glocke in dem Türmchen auf dem Dach der Klosterkirche beginnt zur richtigen Zeit zu schlagen. Am Anfang noch etwas zögerlich, als ob sich Glocke und Hammer vor jedem Schlag neu überlegen müssten, ob sich die Anstrengung lohnt, schließlich stammen beide aus dem 15. Jahrhundert. Dann aber schnell hintereinander: ein sehr heller Ton, C''', ein scharfer, ein unversöhnlicher Weckruf. Wenig später hat sich die Kleine – mit grad mal 26 Zentimetern Höhe und 34 Zentimetern Durchmesser – wieder beruhigt, nachdem sie sich zuvor noch einen Nachschlag erlaubte, ein zartes „Bim", fast wie das Miauen einer Katze.

Stimmt schon, richtige Glocken sind singuläre Persönlichkeiten. Es gibt sie nicht im seriellen Dutzend und nicht mit identischem Klang. Sie zeigen eine Aura der Unverfügbarkeit, die erst dann zusammenbricht, wenn die metallene Masse für Kriegs-Zwecke eingeschmolzen werden soll und also verfügbar wird.

Ihre Karriere zum universellen Instrumentarium begann die „Nachbarin des Donners" (Friedrich Schiller) in einer zusammengestauchten Version – als Glöckchen. Magische Kräfte wurden ihr zugeschrieben, sie sollten das Böse fernhalten, etwa im Totenkult der Griechen. Da war die Funktion als Musikinstrument in der frühchristlichen Liturgie nicht mehr weit. Und bald auch schon, im 6. Jahrhundert, als Strukturelement des Alltags innerhalb von Klostergemeinschaften, die sich ursprünglich in Ägypten entwickelt hatten.

Bei deren Verbreitung auf dem europäischen Kontinent spielten irische Mönche eine wesentliche Rolle; die Christianisierung der Kelten in Irland und Schottland lag noch nicht lange zurück, sie war meist friedlich verlaufen und sorgte so für starke Impulse. Die Klosterinsel Iona vor der Westküste Schottlands war dafür ein Zentrum. Späterhin berühmte Abteien wie St.Gallen und Reichenau entstanden. Und immer waren „cloccs", so das altirische Wort für „Glocke", im Spiel, auch als praktische, schmiedeeiserne Handglocken.

Auch die nun schon Alltags-geeignete Verwendung der Glocke konnte ihrer magisch-sakralen Bedeutung keinen Abbruch tun. Bis heute. Immer noch wird das Guss-Material „Glockenspeise" genannt, wird der Guss selber zur tradierten Sterbestunde Jesu, freitags um 15 Uhr, vollzogen, und immer noch wird in der katholischen wie evangelischen Kirche eine neue Glocke „geweiht". Auch die Inschriften auf dem Glockenrand tragen häufig nicht nur ein Datum, sondern Wunsch oder Widmung in die Welt.

Die drei Glocken in der Klosterkirche übrigens haben keine Beschriftung, keine „Ritzung". Musste ihre sakrale Bedeutsamkeit nicht mehr eigens betont werden? Nicht auszuschließen, dass zumindest eine der beiden schwereren Glocken auf dem Klostergelände gefertigt wurde, so konnte man sich den aufwändigen Transport ersparen. Beim Abriss eines baufälligen Schuppens fanden die Arbeiter „in des Dammes tiefer Grube" (Schiller) Hinweise auf die Herstellung einer Glocke.

Die Magie der Glocke berührt denjenigen, der Ohren hat zu hören, noch aus einem anderen Grund. Ihr Klang setzt sich aus mehreren Teiltönen und einem Schlagton zusammen. Dabei gibt es einen entscheidenden Unterschied: Die Teiltöne sind physikalisch messbar, der Schlagton dagegen, auch als Nennton bezeichnet, ist ein subjektiv wahrgenommenes Phänomen und deswegen nicht zu messen. Dennoch definieren sich die Teiltöne durch ihren Intervallabstand zum Schlagton. Magisch: In der „Psychoakustik" trifft Wissenschaft auf Subjektivität. Und prompt entstehen Emotionen, Entgrenzungen, Erschütterungen.

„O Mensch! In allem, was du tust
Bedenke, dass du sterben musst
Bei jedem Glockenschlag
Gedenk an deinen Todestag."

Diese Mahnung kann in Schleswig nur aus der Satzung der „Holmer Beliebung" stammen, einer Totengilde, die im Jahr 1650 gegründet wurde und bis heute lebendig ist. Sie zeichnet sich dadurch aus, dass ihre Mitglieder den Tod nicht wie üblich verdrängen, was sich auch an dem Friedhof der Gilde ablesen lässt, mitten im Stadtteil „Holm" – mit einer Kapelle wiederum inmitten dieses Ackers.

Sie wurde 1876 fertiggestellt und ist die indirekte Nachfolgerin der Marienkirche, die auch auf dem Gelände des Friedhofs stand und als eine der ältesten Pfarrkirchen der Stadt 1196 erstmals urkundlich erwähnt worden ist. Doch ihr hohes Alter half St.Marien nicht. Nach den Reformationsjahren verfiel der einst prächtige Bau, um später abgebrochen zu werden. Was auf dem Holm übrig blieb, war die Glocke der Marienkirche, die ab 1619 in einem

In der West-Fassade der Kirche: Zwei der drei Klosterglocken

Glockenturm auf dem Friedhof ihren Platz fand. Dessen hölzerne Konstruktion trotzte mehr als 250 Jahre dem Fluge der Zeiten, bis auch sie marode geworden war und deswegen im 19. Jahrhundert niedergelegt wurde. Nur die Glocke, die ließ sich nicht unterkriegen, in der neuen Kapelle machte sie weiter – bis sie im Ersten Weltkrieg abgeliefert werden musste. Zum 275. Jubiläum der Holmer Beliebung im Jahr 1925 gab es eine Nachfolgerin. Die kündet bis heute von der einzigartigen „ars moriendi", der Kunst des Sterbens, auf dem Holm.

Vom Nordufer der Schlei zu ihrem südlichen Gestade. Dort hat es noch eine andere Glocke geschafft, den Jahrhunderten zu widerstehen: die Glocke von Haithabu. Im Herbst 1978 wurde sie bei Prospektionsarbeiten im Haddebyer Noor – dort, wo der Hafen des Handelsplatzes lag – entdeckt. Kampfschwimmer der Bundeswehr halfen den Schleswiger Archäologen und den Geophysikern der Kieler Universität. Sie bargen einen Fund ohne Gleichen. Vollständig erhalten, was ihre metallene Gestalt betrifft, wenn auch mit zerbrochenem eisernen Klöppel. Eine dünnwandige Glocke im faulenden Hafen-Schlick: Wie lässt sich dieser Fundort erklären? Antwort: gar nicht. Oder in der etwas vorsichtigeren Sprache des Hamburger Glocken-Experten Hans Drescher: „kaum mehr hinreichend".

Die Glocke von Haithabu birgt gleich ein doppeltes Geheimnis. Man würde gerne neben der Antwort auf die Frage nach dem merkwürdigen Fundort auch Aufklärung über ihren historischen Standort erhalten wollen. Wo hing sie, als sie, über das bunte Völkergemisch am Ufer des Noors hinweg, ihren Schall ertönen ließ? Den Antworten kann man sich nur mit Mutmaßungen nähern. So mag ihre Versenkung im Hafenwasser mit der Zerstörung von Haithabu Mitte des 11. Jahrhunderts zusammenhängen. Erst von norwegischen, wenige Jahre später von slawischen Kriegern. Das war gründlich. Nach 1066 wurden Hafen und Siedlung an gleicher Stelle nicht wieder aufgebaut.

Aber wo hing dieses zarte Gebilde aus Blei, Zinn und überwiegend Kupfer (aus den Rammelsberger Erzstollen im Harz)? Vermutlich in einer Kirche. Vermutlich in der Kirche, die der Missionar und Bischof Ansgar um das Jahr 850 mit Erlaubnis des dänischen Königs auf dem Handelsplatz bauen ließ und für die er auch, wie ein Chronist betont, eine Glocke anschaffen durfte. Jetzt kommt die entscheidende Frage: Wo befand sich diese Kirche? Das weiß niemand. Dieses Geheimnis hat die Glocke von Haithabu bisher nicht preisgegeben. Die Entdeckung der Kirche, die auch Ansgars Schüler, Biograph und Nachfolger, Erzbischof Rimbert, erwähnt, wäre die größte Sensation, die die Archäologie an der Schlei noch zu bieten hat.

Und wirklich, die Ansgar-Kirche mit ihrer Glocke kann innerhalb des leicht erkennbaren Ringwalls von Haithabu gelegen haben. Gerade einmal um die fünf Prozent des Areals sind bisher von den Archäologen systematisch untersucht worden. Genauso gut mögen Kirche und Glocke aber nicht im inneren Bezirk verortet werden, also weiter zum Ufer der Schlei hin. Dann bietet sich die Gegend um die St. Andreas-Kirche an, vielleicht 700 Meter vom schützenden Halbkreiswall, aber nur 150 Meter von der Schlei entfernt. Der einfache Bau aus Feldsteinen stammt zwar aus dem 12.Jahrhundert – aber hat man nicht unter den Fundamenten Holzteile gefunden, die auf Ansgars hölzernes Kirchlein hinweisen könnten?

Was es mit Sicherheit gibt, das ist der Augenzeugenbericht des arabischen, aus

Im alten Kirchturm: Eine Grube mit Sand sollte die Gewichte der Turmuhr auffangen, falls die einmal herabstürzen würden – was auch geschah

Spanien angereisten Kaufmanns At-Tartuschi, der die Existenz von Christengemeinde und Kirche im Jahr 965 ausdrücklich bezeugt. Unweit von St. Andreas befindet sich, leicht zu übersehen, ein Denkmal zur Erinnerung an Ansgar, den unerschrockenen Missionar der nordischen Völker, 2011 eingeweiht. Ein Denkmal aus 144 Wikinger-Waffen gleichenden Stahlstäben, die auf ihren Spitzen ein großes Kreuz tragen, mithin zum Kampf unbrauchbar sind. Es gibt dieses Denkmal und diese kleine, wunderbar trutzige Kirche an einem Ort namens „Haddeby", was reichlich nach „Haithabu" klingt. Und schließlich die Glocke. Bitte schön: die älteste vollständig erhaltene Glocke nördlich der Alpen. Vor dem Wikinger-Museum eine Nachbildung, drinnen das Original.

Mit ihrem Alter kann das Geläut des Doms nicht mithalten. Aber historisch wertvoll sind diese Drei auch: die „Kleine Herrenglocke" von 1397, die Marienglocke aus dem Jahr 1396 und die Glocke, die dem Gedächtnis der Toten beider Weltkriege gewidmet ist, vermutlich im Jahr 1320 hergestellt. Sie trägt die Aufschrift „Erbarme Dich, Herr – Schenke uns Frieden!" Diese zeitlose Bitte, wenngleich erst später auf der Glocke angebracht, betraf auch sie selber. War sie doch bereits 1942 zu Kriegszwecken abgeliefert worden, entkam aber fünf Jahre später dem Glockenfriedhof, der sich vermutlich im Hamburger Stadtteil Veddel befand, unweit der dortigen Hüttenwerke. Die verordneten „Ausleihen an das Vaterland" bedeuteten in beiden Weltkriegen ein Sterben von mehr als 100.000 Glocken.

Nur selten gelang es den Bürgern, sich mit Erfolg für „ihre" Glocke stark zu machen. Da brauchte man als Counterpart schon einen verständnisvollen Herrscher, wie etwa den dänischen Herzog Christian, nachmals König Christian III.. Als der Schleswiger Rat auf Schloss Gottorf „untertänigst remonstrierte", so der Stadt-Chronist Ulrich Petersen um 1730, dass die Domglocken dem Gotteshaus erhalten bleiben mögen, statt wie geplant eingeschmolzen zu werden, gab er diesem Ansinnen nach. Die übrigen aus dem Land zusammengebrachten Glocken sollten jedoch nach Holland transportiert werden, um daraus Kanonen zu fertigen. Auch das gelang nicht, weil die Schiffe mit ihrer Last untergingen. Petersen zeigt sich darüber erleichtert: „Keine Blutmusik".

Oder doch? Wenige Zeilen später erwähnt er ein „Wunderwerk" der Domglocken. Als der Leichnam des im Auftrag seines in Schleswig residierenden Bruders Abel bei Missunde getöteten dänischen Königs Erik IV. in den Dom zur Grablege gebracht wurde, sollen diese Glocken, berichtet Ulrich Petersen leicht ironisch, „ohne menschliches Zutun von sich selber zu läuten angefangen".

Als durchaus von „menschlichem Zutun" verursacht stellte sich dagegen das Geläut heraus, das die Klosterbewohner und Klosternachbarn eines Nachts aus dem Schlaf beförderte. Halb angezogen eilten sie zur Kirche: Glockenschall zu dieser Uhrzeit, der konnte doch nur von einem Unglück, etwa einem Feuer, künden. Weit gefehlt! Im Kirchturm fanden sie einen jungen Mann, der wie sie wussten kürzlich von seiner Frau verlassen worden war, sich darüber einen Rausch angetrunken und nun die Glocken in Gang gesetzt hatte. Den Grund dafür konnte er noch verlautbaren: „Hier wurde meine Ehe eingeläutet – hier wird sie ausgeläutet!"

„STAMMVERWANDT“

Klosterkantor Carl Gottlieb Bellmann komponierte das „Schleswig-Holstein Lied“

Ein zierliches Musikinstrument im Refektorium des Klosters. Ein mächtiger Grabstein auf dem Friedhof von St. Johannis. Und die Statue eines bis auf ein Feigenblatt unbekleideten Jünglings, der ein Schwert in den Himmel reckt auf der Anhöhe über Schleswig. Wenn an jemanden gleich dreimal so prominent erinnert wird, dann muss es sich um eine Figur handeln, die dem Stadtvolk viel wert war und immer noch ist, dann tritt den Heutigen Carl Gottlieb Bellmann (1772–1861) entgegen, einst umtriebiger Kantor am St. Johannis-Kloster und Komponist der offiziell als inoffiziell bezeichneten Landeshymne „Schleswig-Holstein, meerumschlungen“, einem schwungvollen, regional und national eingefärbten Lied, das längst über die Grenzen hinaus bekannt und beliebt geworden ist.

Sein Textdichter Matthäus Friedrich Chemnitz (1815–1870) verharrt dagegen ein wenig im Schatten des Komponisten. Zwar ist auch sein Konterfei am Fuße des Denkmals angebracht, zwar hat man im „Bellmann-Viertel“, dem „Blankenese“ von Schleswig, auch nach ihm eine schöne Straße benannt, zwar hat auch sein Name Eingang gefunden in den Titel der Chemnitz-Bellmann-Loge im Deutschen Druiden Orden, die das Bellmann-Grab auf dem Klosterfriedhof unter ihrer Obhut hat, aber der Pastorensohn Chemnitz (übrigens nicht mit „K“, sondern mit „Ch“ ausgesprochen) hat darüber hinaus, so scheint es, kaum eine nachhaltige öffentliche Würdigung erfahren.

Vielleicht hängt das auch damit zusammen: Der Text, den er – von Haus aus Rechtsanwalt – der Hymne verpasste, war und ist nicht gerade zum Schunkeln. Er ist poetisch und politisch, jedenfalls … ziemlich politisch. Chemnitz musste 1850, als Dänemark wieder das Sagen in den Schleswiger Landen hatte, fliehen und konnte erst 1864 in den heimatlichen Norden zurückkehren. 1870 ist er mittellos in Altona gestorben. Bernd Philipsen hat für sein Buch „Schleswiger Köpfe“ herausgefunden: „Zu einem eigenen Grab reichte es nicht.“ Chemnitz‘ sterbliche Überreste fanden Platz in dem Erbbegräbnis eines begüterten Freundes.

Dabei wäre gerade ihm eine angemessene Ruhestätte zu gönnen. Ohne den Barmstedter gäbe es nämlich das „Schleswig-Holstein, meerumschlungen“ gar nicht. Kantor Bellmann hatte den ihm bekannten Berliner Advokaten Karl Friedrich Straß damit beauftragt, zu seiner Melodie einen Text zu schreiben. Die gesamte Komposition sollte zum Schleswiger Sängerfest am 24. Juli 1844 uraufgeführt werden. Doch der Text, den der kränkliche Straß ablieferte, gefiel dem Festkomitee und Bellmann überhaupt nicht:

Schleswig, Holstein, schöne Lande,
wo mein Fuß die Welt betrat …

Zu romantisch, zu wenig kämpferisch – so lautete das einhellige Urteil.

Währenddessen rückte der Termin für das große Fest immer näher. Da erbot sich Chemnitz, einen neuen Text zu schreiben. Er behielt aus der Vorlage fast nur das Wort „stammverwandt“, was die Einheit zwi-

Für Chemnitz und Bellmann:
Denkmal am Rand der Schützenkoppel
hoch über der Stadt, Foto: Archiv des Verfassers

schen den Landesteilen betonte und später eine Flut von symbolischen Gestaltungen auslöste: zwei (Eichen-)Stämme mit einer Krone, in diesem Bild fand man sich gut wieder. Noch heute spiegeln etliche Ortswappen die Aussage, stehen etliche echte „Doppeleichen" im Zentrum der Dörfer. Und er schrieb, mit gleicher Intention, Schleswig-Holstein erstmals mit Bindestrich und nicht, wie Straß, mit einem Komma zwischen den beiden Landeshälften.

Eine gelungene Melange aus dem Preis der Landesnatur und gezielten aktuellen politischen Aussagen findet sich in der Nachdichtung der Landeshymne durch Dr. Dieter Andresen, den früheren Pastor am Bibelzentrum. Auch den Begriff der „Doppeleiche" hat Andresen aufgenommen, ihn aber weiter gespannt als in der gängigen Version:

Teures Land, du Doppeleiche,
Nord und Süd, vereint und frei,
Freund und Bruder zweier Reiche,
keinem hörig, beiden treu:
Schleswig-Holstein, Freundesland,
reiche Nachbarn gern die Hand!

Es lohnt sich, die zehn Strophen der Andresen-Version genauer und in Ruhe zu lesen. Das wäre dann eine gesungene Predigt und kein „mit Kraft und Freude", so schrieb Bellmann auf seiner Partitur, dargebotener „musikalischer Separatismus", wie es einmal hieß. Der Legende nach erfand er seine Komposition auf der kleinen Orgel im Remter des Klosters.

Mit dem Die-Hand-Reichen war es damals, in der Mitte des 19. Jahrhunderts, eben noch nicht weit her. Dafür waren die Gemüter auf beiden Seiten zu erhitzt. Dänemark, pauschal gesagt, sah den Landesteil Schleswig bis zur Eider als seinem Staatsgebiet zugehörig an; die Deutschen pochten auf den Vertrag von Ripen (1460), in dem die Unteilbarkeit beider Landesteile festgeschrieben worden war.

Doch nicht nur die Einheits-Hymne der Herren Bellmann und Chemnitz war ein Streitpunkt, auch die Frage der Fahne. Schließlich spiegeln sich in den Landesfarben Blau-weiß-rot das rot-weiße Wappen von Holstein und das blau-goldene von Schleswig, wobei „Gold" sich zunächst als Litze marginalisierte und dann ganz aus dem Verbund verschwand. Eine Trikolore sollte es sein, das war modern.

Zum Sängerfest am 24. Juli 1844 waren beide fertig: die Fahne und die Hymne. Auch ihre bevorstehenden Premieren hatten dazu beigetragen, dass Tausende Besucher in die Stadt gekommen waren, die Rede ist von 12.000 Menschen, das wären mehr als Schleswig damals Einwohner hatte. Auf der Schützenkoppel oberhalb der Stadt mit weitem Blick auf die Schlei hatte man eine riesige Festhalle und weitere Großzelte zur Bewirtung der Gäste aufgebaut. Dorthin strebte der Festumzug, der sich mit 27 Kanonenschüssen um 14 Uhr nach einem Gottesdienst im Dom durch die geschmückte Stadt in Bewegung setzte.

Oben angelangt, wurde unter weiterem Kanonendonner die dreifarbige Fahne aufgezogen. Die patriotischen Reden waren auf der weiten Wiese kaum zu verstehen. Dafür einte das Lied „Wanke nicht, mein Vaterland" – die letzte Zeile der Hymne gab dem ganzen Text die Überschrift – die Festgemeinde. Unter rauschendem Beifall musste es immer wieder vorgetragen werden. Kaum geboren, schon ein Hit. Dirigent Bellmann soll dabei mehrfach auf seinen Partner Chemnitz gezeigt haben, den Dichter der Hymne und eher bescheidenen Tenor im 56-köpfigen Gesangverein.

1852 wurden Lied und Fahne von der wieder an die Macht gekommenen dänischen Herrschaft verboten. Erst einmal.

Die Orgel im Remter: Auf ihr soll Bellmann das „Schleswig-Holstein Lied“ komponiert haben

DIE RÜCKKEHR DES SPIRITUELLEN

Im alten Probstenhaus arbeitet das „Bibelzentrum“

Als sich mit der Reformation das katholische Kloster der Benediktinerinnen in ein evangelisches Damenstift unter der Obhut der Schleswig-Holsteinischen Ritterschaft verwandelte und als, Jahrhunderte später, die Stiftsdamen auf dem weiterhin als „Kloster“ bezeichneten Gelände jedenfalls nicht mehr höchstselbst präsent waren – da hatte längst auch der sakrale Geist von St. Johannis seine Sachen gepackt und war verschwunden. Einzig die Benediktiner in Nütschau bei Bad Oldesloe sind in Schleswig-Holstein heute noch klassisch klösterlich aktiv. Dennoch ist das Wort Gottes nicht vollständig aus dem St. Johannis-Kloster verschwunden. Im Gegenteil: Seit 1994 gleich gegenüber der Klosterkirche im ehemaligen Haus des Klosterprobsten das „Bibelzentrum“ der Evangelisch-Lutherischen Kirche in Norddeutschland eingezogen ist, hat das „Buch der Bücher“, dieser Spiegel etlicher tausend Jahre Menschheitsgeschichte, auch im St. Johannis-Kloster wieder Heimstatt und Bedeutung gefunden.

Und das kam so. Nach seiner Zeit als Pastor auf Hallig Hooge war Dietrich Heyde 1987 Propst im Kirchenkreis Schleswig (und damit auch für den Holm und das St. Johannis-Kloster) geworden; zugleich amtierte er als Vorsitzender etlicher norddeutscher Bibelgesellschaften. Also, das biblische Geschehen, das ist sein Lebensthema. Einen Teil seiner Ausbildung hatte Heyde in Jerusalem verbracht. Noch heute liest er einmal im Jahr das Alte und das Neue Testament komplett durch. Wenn er davon berichtet, dann blitzen die Augen des 77-Jährigen auf – als frohgemute Antwort auf die Frage: Wer macht denn so was?

Bereits in seiner Wasser-Einsamkeit auf Hooge hatte der Pastor die Idee gehegt, nach jüdischem Vorbild ein „Lehrhaus“, eine Bildungsstätte, in der Kirche zu etablieren. Jetzt, als Propst, stand diese Idee – aber weicher gefasst als „Bibelzentrum“, nicht so rigoros – wieder lebendig vor ihm. Und es gelang ihm, viele vom Sinn solch eines Zentrums zu überzeugen: in der Amtskirche, in den Bibelgesellschaften, vor allem aber auch im Kloster – damals geleitet von der Priörin Henny von Schiller und dem Probsten Friedrich von Ahlefeldt-Dehn. 1993 kam es zum Vertragsabschluss zwischen den Nordelbischen Bibelgesellschaften und dem Klostervorstand.

Der hoffte, durch das Projekt „Bibelzentrum“ könne sich das Kloster „mit neuem Geist und Leben“ erfüllen. Die Chancen dafür standen nicht schlecht. Bereits im Januar 1993 war das Pastoren-Ehepaar Gisela und Dr. Dieter Andresen angetreten. Sie mit ihrer zupackend seelsorgerischen Intensität. Er in seiner ruhigen, gebildeten, aber nie sich überlegen gebenden Art. Die beiden, die zunächst in einer kleinen Klosterwohnung untergekommen waren, hatten reichlich zu tun. Denn das alte Probstenhaus als Standort für das Bibelzentrum musste erst noch hergerichtet (Umbaukosten: ca. eine Million Mark) werden, bevor am 1.

Im Keller des Bibelzentrums: Der „Raum der Stille" (nachgestellte Szene)

Mai 1994 Einweihung gefeiert werden konnte.

Dabei stand das Konzept der wagnishaften Unternehmung schon frühzeitig fest. Es sollte ein „niedrigschwelliges" Angebot für Menschen werden, die mit der Bibel noch nicht oder nicht mehr „etwas anfangen" können, wie Pastor Michael Bruhn, der 2004 in das Leitungsteam eingeschert war, formuliert. Also nichts Missionarisches, „dafür ist die Begegnung hier zu kurz" (Bruhn), sondern „Arbeit am Fundament". Aber mit welchen Bausteinen?

Das musste sich entwickeln. Heute offeriert das Bibelzentrum ganz unterschiedlich akzentuierte Informations- und Erlebniswelten. Da gibt es zum Beispiel ein Original-Beduinenzelt als Ort zum Geschichten-Erzählen und deutlichen Hinweis darauf, dass auch die Unwirtlichkeit der Wüste das Christentum geprägt hat. Einen Raum für den Dialog mit den benachbarten Religionen Judentum und Islam. Die Anmutung einer klösterlichen Schreibstube, den Nachbau einer Gutenberg-Druckerpresse, im Keller einen „Raum der Stille", der zum Meditieren einlädt und, nicht zu vergessen, die Präsenzbibliothek mit kostbaren Bibel-Ausgaben, die älteste in lateinischer Sprache von 1489. Dazu passt die Erfahrung des amerikanischen Schriftstellers Mark Twain (1835–1910), sein Zitat ist ein Evergreen: „Ich habe keine Schwierigkeiten mit dem, was ich in der Bibel nicht verstehe. Probleme machen mir die Stellen, die ich sehr gut verstehe."

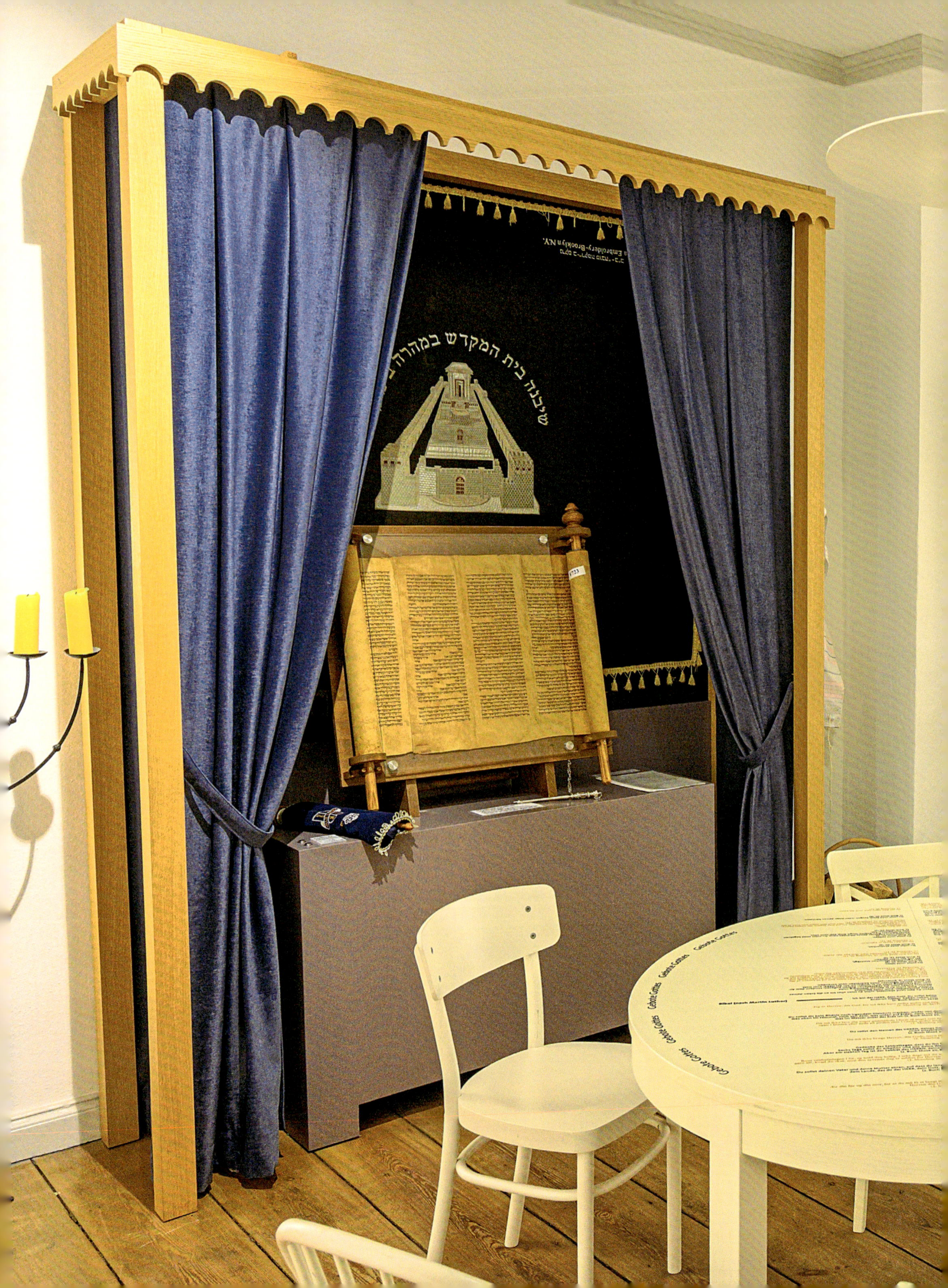

שיבנה בית המקדש במהרה
Gebote Gottes

Wichtige Lernstube: Der „Raum der Schriftreligionen“ (links: jüd ische Religion, rechts Islam) im Bibelzentrum

Ein originales Beduinenzelt:
Erinnerung an die Religion, die aus der Wüste kam

Zum „Verstehen“, so oder so, tragen auch die vielen Veranstaltungen bei, die in dem Gebäude aus der Mitte des 18. Jahrhunderts gleich am Eingang des Kloster-Geländes stattfinden. Bis zu 10.000 Besucher im Jahr werden gezählt – solch ein Niveau will gehalten werden. Die „Arbeit am Fundament“ wird regelmäßig unterstützt durch einen großen Kreis von Ehrenamtlichen. Und, an der Seite des pointenfreudigen Pastors, seit Anfang 2020 durch die Religionspädagogin Julia Henningsen, da inzwischen das Ehepaar Andresen aus der Gründerzeit des Bibelzentrums in Pension gegangen ist.

Angesichts des Erfolgs der Erlebnis-Ausstellung und mit dem Status als offizieller außerschulischer Lernort stellt Michael Bruhn zur Zeit „keine Überlegungen“ an, an dem Konzept „grundsätzlich etwas zu ändern“. Zumal die Stationen der Ausstellung erst vor wenigen Jahren didaktisch überarbeitet wurden. Wenn man junge Leute mit Eifer an der Druckerpresse werkeln sieht oder wahrnimmt, wie sie auf ihrer „Bibel-Rallye“ durch den Kreuzgang des Klosters flitzen oder dort bei Kerzenschein und Laternenlicht in der Adventszeit die alten Lieder singen, dann mag diese Philosophie einleuchten. Aber was ist mit den „digital natives“, mit der älteren Konfirmandengeneration: Kann man die noch mit einem Beduinenzelt locken oder sind sie „dem Glauben schon ganz fremd“ geworden?

Lebendig zu bleiben und immer wieder versuchen, frische Zugänge zum Alten wie Neuen Testament zu erschließen, das war von Anfang an die selbst gestellte Aufgabe. Ihre Umsetzung ist inzwischen weit über das Interieur des ehemaligen Probstenhauses hinausgewachsen. Den Anfang machte 1997 der sich an die Südfront des Hauses anschließende „Bibelgarten“ mit seinen Ablegern auf dem gesamten, rund 2000 Quadratmeter umfassenden Gelände. Im Kern kreuzförmig aufgebaut wie früher die Klostergärten und mit einem Findling in der Mitte, aus dem Wasser hervorquillt – Erinnerung an die biblische Geschichte, in der Moses auf Gottes Geheiß für das durstige Volk Israel auf dessen mühsamen Weg in das „Gelobte Land“ mit seinem Stab Wasser aus dem Felsen schlägt. Der Garten unmittelbar am Haus und im Skulpturenpark dahinter umfasst weit über 70 beschilderte Pflanzen-Exemplare – biblische wie Myrrhe oder Feige, aber auch Symbolpflanzen der jüdisch-christlichen Tradition, etwa das Johanniskraut und den Akanthus.

Seit seiner Einrichtung ist der Schleswiger Bibelgarten, wie er in den Reiseführern genannt wird, zu einem Besuchermagnet mit bis zu 60.000 Interessierten pro Jahr geworden. Gründe dafür gibt's genug. Auf viele dürfte die Kombination von „Bibel“ und „Garten“ skurril wirken, neugierig machend, obwohl sie, siehe „Paradies“, auf der Hand liegt. Unterstützend wirkt aktuell der Mega-Trend „Garten“. Anderen wiederum ist das bebaute Stück Land hilfreich bei ihrer Selbstvergewisserung, ein Symbol der Hoffnung. Vielleicht ein bißchen wie der Garten im Gefängnishof von Robin Island, in dem der Häftling Nelson Mandela das Manuskript seiner Autobiografie „Long Walk to Freedom“ versteckt hatte. Schließlich: Ein Garten schürt die Idee von Unabhängigkeit in der Ernährung und kann mit dem Anbau von Gewürzen, Kräutern und Heilpflanzen ganz trefflich der Gesundheit dienen, so wie das Klostergärten immer schon getan haben. Mit dem Bibelzentrum ist nicht nur ein Stück Spiritualität, sondern auch eine Ahnung von klösterlichem Nutzen nach St. Johannis zurückgekehrt. „Beide Seiten“, hat Michael Bruhn erfah-

Sehr begehrt: Das Laternelaufen im Advent im Kreuzgang

Riechen, Schmecken: Wie auf einem Marktplatz in biblischer Zeit

ren, „haben von ihrer Nähe einen großen Gewinn“.

Doch nicht nur die. Die Ausstrahlung des Schleswiger Bibelgartens – übrigens bundesweit der zweite nach dem in Meersburg – hat nachgerade zu einem Trend im deutschsprachigen Raum geführt. Inzwischen soll es hierzulande mehr als 160 Bibelgärten unterschiedlicher Größe und Ernsthaftigkeit geben, allein 10 davon in Schleswig-Holstein. Die Schleswiger kooperieren besonders gerne mit dem Bibelzentrum und Bibelgarten in der Stadt Barth, Landkreis Vorpommern/Rügen, wo „uns Planten“ auch op Platt vorgestellt werden.

Möglichst niedrige Schwellen bei der Annäherung an das Hohe Buch, die „Heilige Schrift“ … dem Team im Schleswiger Bibelzentrum ist dazu noch einiges mehr eingefallen. Bereits zwei Jahre nach der Etablierung des Bibelgartens, 1999, ging es darum, zur viel bemunkelten Jahrtausendwende einen Skulpturenpark anzulegen. Und das Thema? Was würde zu dem Anlass besser passen als die biblische Prophetie, als die wortmächtigen, erratischen Prophetenfiguren? Sie sind eben keine Repräsentanten einer „Gottesgemütlichkeit“ (Dr. Dieter Andresen) und steuern nichts bei zu einem kommode verschließbaren „Wertetresor“. In unmittelbarer Nachfolge der Unruhestifter aus den Tiefen des Alten Testaments agierte auch der Patron des Klosters, der Wüstenprediger Johannes der Täufer.

Acht Künstlerinnen und Künstler machten sich daran, jeweils ganz eigene Inter-

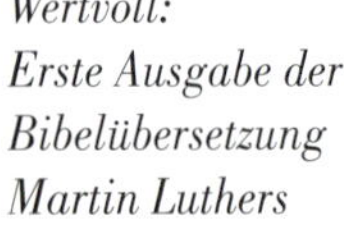

Wertvoll: Erste Ausgabe der Bibelübersetzung Martin Luthers

pretationen der prophetischen Materie zu erschaffen: von der mächtig aufragenden Statue des Propheten Jeremia bis zu in den Boden eingelassenen Tafeln mit Sprüchen aus der hebräischen Bibel. Zum neuen Millennium stand das Projekt, das unter der Draufsicht des berühmten tschechischen Bildhauers Jan Koblasa (1932–2017) konkret geworden war. Die Figur des Jeremia, der mit seinem Gott haderte und dessen Wort dennoch verkünden musste, wurde von Koblasa selbst dem Stein entrissen. Dem grünlichen Anröchter Sandstein, dem auch eine entgiftende Wirkung zugeschrieben wird. Anröchte ist eine kleine Stadt bei Soest in Nordrhein-Westfalen, dort hatten die Künstlerinnen und Künstler an ihren Themen gearbeitet.

Es dauerte nicht lange, da bildete sich die Überlegung heraus, den Widerspensten aus der Bibel und der Demonstration biblischer Flora ein drittes Element hinzuzufügen: die biblische Fauna. Nun ließe sich denken, bei der Gestaltung von Tieren der Bibel würde eher die Anschauung und weniger die künstlerische Interpretation Oberhand haben. Doch weit gefehlt. Der Auftritt von Adler, Leviathan, Lamm, Schlange und Löwe, wieder aus dem glaukonischen Anröchter Sandstein, der in Südschweden vor 540 Millionen Jahren entstanden ist, hat auch seine ganz eigene Wirkung. Besonders zieht der „Adler" von Jan Koblasa die Besucher an. Unter dessen mächtige, vier Meter weite Schwingen, die zugleich den Eindruck eines Segen spendenden Priesters erwecken mögen, stellen sie sich hin, verharren und, ja, fühlen sich wohl.

Ganz anders die eindrucksvolle Skulptur des tschechischen Künstlers Zdenek Chmelar, „Leviathan" genannt. Mitten im geriffelten Halbrund ragt dort ein schwarzer Schlund, ein schwarzes Loch, auf, das, so scheint's, Materie ausspeit und Materie anzieht. „Leviathan" meint jedenfalls etwas Unheimliches, eher Böses. Ein Ungeheuer. Vielleicht das Böse selbst, das sonst auch mit einem Drachen assoziiert wird. Zum Bild gebracht, zur steinernen Metapher, im Skulpturenpark des Bibelzentrums im St. Johannis-Kloster. „Das hier ist heiliger Boden", war das Resümee einer Teilnehmerin an den Bildhauer-Symposien. Diese Erfahrung entband das Team im Probstenhaus nicht von der Notwendigkeit, erhebliche Mühe auf die Fi-

Steinerne Metapher: „Leviathan" des Bildhauers Zdenek Chmelar

nanzierung des Skulpturenpark zu verwenden. Koblasas „Adler“ zum Beispiel wurde von einem Unternehmer aus Hamburg bezahlt – nachdem der ein Modell des Vogels zur privaten Verwendung erhalten hatte.

Mit dem Aufbau des vielgestaltigen Skulpturenparks war (und ist) die Belebung des Gartenareals im Bibelzentrum aber noch nicht an ihr Ende gekommen. In den letzten Jahren gab es zwei Open-Air-Ausstellungen, eine mit dem Thema „Religion im Gedicht“, die andere mit vertiefenden Informationen über biblische Flora. Sie waren schon deswegen ungewöhnlich, weil man ihre Texte wetterfest auf Folien appliziert hatte, ein Sponsoring des Schleswiger Planen-Herstellers Oelerking.

Schließlich muss noch ein geradezu verwegenes Projekt erwähnt werden, mit dem man inzwischen nicht nur in Schleswig das Bibelzentrum und das Kloster St. Johannis identifiziert. 1986 hatten israelische Archäologen im Uferschlamm des Sees Genezareth die hölzernen Überreste eines, wie sich schnell herausstellte, 2000 Jahre alten Bootes entdeckt. Eines Fischerbootes aus der Jesus-Zeit. Sein Nachbau wäre als biblisches Anschauungsmaterial bestens geeignet, aber die Replik sollte, mit der Schlei vor der Tür, auch schwimmfähig sein, erstmals, weltweit. Als dieses anspruchsvolle Thema bekannt wurde, startete eine lange Kette von Spenden und Hilfereichungen, sodass schließlich mit dem Bau des weitgehend originalgetreuen Schiffes auf der Flensburger Museumswerft begonnen werden konnte. Stapellauf war am 1. Mai 2010, wenige Tage später traf unter dem Geläut der Domglocken das „Jesusboot“ im Schleswiger Hafen ein. Von dort ist es nur ein kleiner Sprung zu den Booten und Netzen der Holmer Fischer, da passt der Name „ICHTYS“ (griechisch: „Fisch“) für den Rahsegler, der aber auch gerudert werden kann, nicht schlecht. Zugleich ist dieser Name ein frühes christliches Symbol. Im Sommer wird eine Fahrt auf der „ICHTYS“ stark nachgefragt, ist das Wasser zu kabbelig, nimmt Skipper Bruhn schon mal den Motor zur Hilfe. Den Winter verbringt die „Fisch“ unter den hohen Bäumen hinter dem Bibelzentrum.

Ein altes Haus voller Möglichkeiten zur Information und Erfahrung, ein Klostergarten mit Pflanzen, die schon vor Jahrtausenden da waren, ein Skulpturenpark mit denkwürdigen künstlerischen Geschöpfen und ein Boot, das über den Fjord steuert wie einst über den See Genezareth: Die Faszination des Schleswiger Bibelzentrums rührt auch aus seinem vielgestaltigen Angebot. In St. Johannis, so sieht das der Gründungs-Pastor Dietrich Heyde, sind „alle Dinge vorhanden“, um das neu erwachte Interesse an einer „monastischen Existenz“, um den „Hunger nach Spiritualität“ zu stillen. So wie bei der Frau, die sich eines Tages dem Team des Bibelzentrums offenbarte als eine, die unter schweren Depressionen leidet. Immer, wenn sie ganz übel dran sei, suche sie das Kloster, den Bibelgarten und den Skulpturenpark auf. „Hier spüre ich“, sagte sie, „die Senkrechte, etwas, das größer ist als ich.“

GEDUCKTE HÄUSER, ABER KEINE GEDUCKTEN MENSCHEN

Der Schleswiger Holm ist ein ganz besonderes Viertel

(Abbildung oben) Süderholmstraße: Regenstimmung mit einem Sonnenstrahl

„Der Holm und die Holmer." So (mit Punkt) lautet der Titel eines kleinen Buches der Autoren Heinrich Philippsen und Ernst Petersen, das 1935 im Schleswiger Verlag Jul. Bergas erschienen ist und immer noch als Standardwerk gilt. Der Holm? Die Bedeutung dieser vier Buchstaben ist schnell erzählt – nämlich: „kleine Insel". Das Wort findet sich im nah am Wasser gebauten Schleswig-Holstein mehrmals als Ortsbezeichnung, auch in Zusammensetzungen wie „Stapelholm", oder als Eigenname wie etwa bei „Herrn Holm", einer beliebten Figur des Kabarettisten Dirk Bielefeldt. Spannender wird es schon bei der Bezeichnung „die Holmer", denn solch eine stehende Formel – wie etwa „die Lollfußer", „die Stadtweger", die „Altstädter" oder „die Friedrichsberger" (da noch am ehesten) – gibt es für die anderen markanten Teile der Stadt nicht. Also müssen „die Holmer" schon etwas Besonderes sein und das sind sie dann auch.

Aber noch einmal zu der „Insel". In ihrem Rücken, also nördlich, liegt, heute

Alle Tage harte Arbeit: Die Holmer Fischer Klaus und Heinz Reincke Foto (um 1960): Bildarchiv Stadtmuseum Schleswig

kaum noch erkennbar, das ursprünglich 22 Hektar große „Holmer Noor", eine Ausbuchtung der Schlei, die durch die Straße „Holmer Noor Weg" in zwei Teile getrennt wird. Ihr westlicher Teil ist weitgehend verlandet, war aber bis 1935 durch einen schiffbaren Wasserlauf mit der Schlei verbunden. An der Brücke über die „Beek" fand der innerstädtische Fischhandel statt, die Bezeichnung „Fischbrückstraße" erinnert daran. Der Wasserlauf, der freilich auch als ziemlich ungepflegt geschildert wird, wurde aufgefüllt, als man damals eine Zufahrt zu dem Kasernengelände „Auf der Freiheit" gleich im Anschluss an den Holm benötigte. Die so entstandene „Niemannstraße" (vermutlich geheißen nach Wilhelm Niemann, dem ersten deutschen „Flugschiffspostmeister") hatte man 1945 in Knud-Laward-Straße umbenannt.

Der östliche Teil des Noors dagegen weist eine schilfumrandete Wasserfläche aus; sie wird durchflossen von dem heute noch in die Stadt aus dem Norden eindringenden Mühlenbach. Noor und Bach wurden in ihrer jüngeren Geschichte nicht gut behandelt. Die Lederfabrik Knecht & Wördemann, so Recherchen der Plattform „Alte Schleihalle", leitete darüber jahrelang ihre giftigen Abwässer in die Schlei – und das ist nur ein Beispiel für die ökologische Unbedachtheit damals.

Die Bewohner des Holm, dessen Besiedlung „zumindest auf das 11. Jahrhundert zurückgeht" (Stadtarchäologe V. Vogel), konnten mit solchen Umweltsünden in keiner Weise einverstanden sein – denn ihr schöner Beruf ist seit Urzeiten die Fischerei. Der Holm ist wohl die Fischersiedlung in Deutschland, deren Gewerbe am längsten aktiv betrieben wird. Sie gehört zu den klassischen touristischen Attraktionen Schleswigs: An ihren beiden gepflasterten Zuwegungen, besonders der Süderholmstraße, reihen sich die gepflegten, meist eingeschossigen Häuser wie auf einer Perlenschnur, häufig eingerahmt von

An der Fischbrücke: Als die „Beek" noch den Holm (re.) von der Altstadt trennte Foto: Archiv des Verfassers

Rosenstöcken – ein Brauch, der auf die Anregung eines preußischen Fischerei-Dezernenten im 19. Jahrhundert zurückgehen soll.

Im Zentrum des Viertels liegt eine weitere Besonderheit, der Holmer Friedhof mit seiner schmucken, kleinen Kapelle; sorgfältig beschnittene Lindenbäume umsäumen das Rondeel. Doch dieser Friedhof ist kein üblicher toter Acker, er ist ein Kommunikations-Knotenpunkt des Viertels. An seiner südöstlichen Ecke auf Seiten der Süderholmstraße befindet sich „de Klöneck“, wo die Holmbewohner, aber nur die Männer, alles Wichtige beschnacken. Und als die Stadt einmal die alten Holzbänke am Friedhofszaun durch neue pflegeleichte Sitzgelegenheiten austauschen wollte, erhob sich ein großer Protest, nicht nur der Anwohner. Am unpassenden Drahtgitter der Sitze hingen plötzlich ein paar passende Zorn-Zettel. Da verbannte man lieber die unschönen Bahnhofs-Bänke wieder.

An Selbstbewusstsein mangelt es den Holmer Fischer-Familien, aber auch generell den Bewohnern des Holm, bis heute eher nicht. *Wahrschau!* In den meist geduckten Häusern wohnten und wohnen keine geduckten Menschen. Dieser Umstand macht für Kenner die eigentliche Faszination des Stadtteils aus. Hier gibt's kein großbürgerliches Publikum (es sei denn Zugereiste, die in den Holm einsickern), kein wichtiges Gewese, sondern „alle Tage“ (so der Fischer Harald Roß) harte analoge Arbeit auf dem Wasser und an den Netzen, Respekt vor den mühsam über die Jahrhunderte bewahrten Traditionen und dazu die Freude am unverstellten offenen Wort.

Wie bei der legendären Holmer Köchin Christine Tillkamp, deren Dienste Mitte 19. Jahrhundert wegen ihrer Tüchtigkeit sehr begehrt waren. In einer von etlichen

Anekdoten wird berichtet, dass sie einmal beim dänischen Stadtkommandanten mit der Vorbereitung eines Dinners beschäftigt war, als drei junge Mädchen durch einen Gendarmen hereingeführt wurden: Sie hatten, so die Auskunft der Delinquentinnen, ihre Hüte mit den schleswig-holsteinischen Farben geschmückt. Frau Tillkamp zögerte nicht lange und drohte dem Kommandanten, sie werde sofort die Küche verlassen, wenn die drei nicht freikämen. Was dann auch geschah. Christine

Tillkamp, als Original in ganz Schleswig verehrt, starb hochbetagt Mitte der 1880er Jahre.

Mit dem St. Johannis-Kloster haben die standfesten, so authentisch wirkenden Bewohner der Fischersiedlung, die passenderweise damals auch noch als „vorzüglich kräftige Menschen“ und „von außerordentlicher Größe“ gepriesen wurden, stets eine wohlwollende Nachbarschaft gepflegt – schließlich liegen beide Orte (die Siedlung war Schleswigs VI.Quartier) auf der einstigen Insel am östlichen Stadtrand, dem Holm. Der ehemalige Propst Dietrich Heyde, zuständig auch für den Holmer Friedhof, mehr noch: ein Freund des Holm, gab den Anstoß für die Gründung des Bibelzentrums auf dem Boden des Klosters. Auch aktuell werden Priörin und Probst zu den Veranstaltungen von Fischerzunft und Holmer Beliebung eingeladen. Nur ein Katzensprung ist es vom ehemaligen Pastorat des Klosters

Richtung Holm (hinten): Die Fischbrückstraße führt an den alten Übergang zur Fischersiedlung

bis zur letzten Häuserzeile der Holmer Siedlung.

Geradezu freundschaftlich stellte sich die Beziehung zwischen dem einstigen Klosterprobst Rochus von Liliencron (1820–1912) und den Holmern dar, die eine „lebhaft dankbare Erinnerung" an den so kultur-affinen wie menschennahen Freiherrn hegten. Christian Fischer, der Name lautete wie sein Beruf, aber eigentlich kannten ihn alle nur unter der Bezeichnung „Schipperduk", war so ein Holmer. Einmal hatte er sich bereit erklärt, die Familien von Liliencron und von Rheinbaben (Georg Freiherr von Rheinbaben, preußischer Finanzminister und

Auf der „Freiheit" gleich hinter dem Klostergelände: Der Netzetrockenplatz war auch eine Badestelle Foto: Archiv des Verfassers

Schwiegersohn des Probsten) zu Schiff vom Schloss Louisenlund nach Schleswig zurückzuexpedieren, als sich ein gewaltiger Gewittersturm erhob.

Die Passagiere baten Schipperduk umzukehren oder doch am Südufer der Schlei anzulegen, aber der, so entnehmen wir dem „Schleswiger Monatsheft" vom Oktober

1961, blieb ganz ruhig an seinem Steuerruder sitzen und verklarte dem Minister: „Se verstan niks vun de Seefoart, wenn ok se wat von de Finanzen doar babn in Berlin verstann. Ikk heff seggt, ik bring se na Hus, denn so do ik dat ock. Blots dat givt hüt moal ornlich en natte Mors!" Überflüssig zu sagen, dass die ganze Partie heil auf dem Holm anlangte. Bald darauf erhielt Schipperduk ein Porträt des Ministers mit persönlicher Widmung als Dank für „Rettung aus schwerer Seenot". Schipperduk arbeitete später als Schlei-Lotse.

Nun, dass die Holmer Fischer mit jeder Wetterlage gut umzugehen wussten und wissen, überrascht nicht unbedingt. Sie mussten sich aber auch häufig gegen allerhand Versuche wehren, ihre Fischereirechte einzuschränken. Besonders von den Landadligen, deren Besitz an die Schlei grenzte. Dabei hatten die Fischer 1480 mit dem „Schleibrief" des dänischen Königs Christian I. das Recht erhalten, auf dem ganzen Ostseefjord und eine Meile hinaus ins Meer zu fischen. Sie taten das überwiegend mit „Waden" – großen Zugnetzen, für deren Bedienung sich mehrere Fischer zusammenfanden. Dazu musste der Trupp manchmal, eigentlich vom „Schleibrief" geschützt, auch am Ufer übernachten. Die Herren etwa auf Gut Olpenitz oder Gut Stubbe („Schleijunker" genannt) waren von den an Land wie auf dem Wasser so selbstbewusst agierenden Fischersleuten überhaupt nicht erbaut. Netze wurden entwendet, Prügel-und-mehr angedroht, sodass sich schließlich der Gottorfer Herzog höchstselbst einschaltete, um „wider solche Attentata Uns und die Unsrigen fürstlich zu schützen und zu handthaben".

Solche Konflikte, die Konkurrenz durch andere Fischer aus Kappeln oder den Örtchen Bienebek und Arnis, die gemeinschaftliche Arbeit mit den Partnern an den

Waden, speziell im Winter bei der besonders anstrengenden Eisfischerei, aber auch die gerechte Aufteilung der Ergebnisse, das alles schweißte die Holmer Fischer zusammen. 1765 wurde eine „Fischergesellschaft" gegründet; daraus entstand die Holmer „Fischerzunft", die bis heute mit Anstand ihre Tradition fortschreibt, auch wenn sich die Zahl der Mitglieder „dramatisch verringert" hat, wie der ehemalige Schleswiger Bürgermeister Klaus Nielsky weiß; er stammt „nicht ohne Stolz" aus einer der alten Fischerfamilien.

Mehr als 100 aktive Fischer mögen es noch Anfang des letzten Jahrhunderts gewesen sein, inzwischen sind es wohl nicht einmal mehr 10. Diese beiden Daten umspannen viele schlechte Zeiten, zum Beispiel in den 1930er Jahren, als manchmal gar das Geld fehlte, um die Netze zu flicken. Etliche der Fischer fanden ihr Auskommen in der östlich benachbarten Schleswiger Zuckerfabrik, die Ende 1953 ihren Betrieb aufgenommen hatte und bis 2003 existierte. Anfang der 1970er Jahre war bereits die große Wadenfischerei, für die man an einem Netz acht Personen brauchte, zum Erliegen gekommen.

Doch mit Trübsal-Blasen haben die verbliebenen aktiven Holmer Fischer wenig im Sinn. Christian und Nils Ross, Jung-Fischer, die Söhne des Zunft-Ältermanns Jörn Ross, lieben es, ihr uraltes Handwerk unweit des Petersdomes – benannt nach einem Fischer, der zum Apostel wurde – auszuüben, ebenso wie Matthias Nanz, der als Vollerwerbsfischer auch zu den Jüngeren gehört, oder wie Jörg Nadler, der die Geschichte und Technik dieses Handwerks gerne staunenden Touristen erklärt und eigentlich aus dem Rheinland stammt.

Neben der Fischer-Zunft gibt es noch eine zweite althergebrachte Vereinigung, die den Holm seit Jahrhunderten prägt und dadurch zum eigensinnigen Profil des Quartiers beiträgt. Die Holmer Beliebung. Das Wort klingt ungewöhnlich, erfreut aber durch gleich zwei gute Erklärungen. Zum einen passt der Umstand, dass sich die Mitglieder der Gilde ihre Satzung nach eigenem und nicht etwa nach obrigkeitlichem „Belieben" gegeben haben. Zum anderen bedeutete früher das Wort „belieben" so viel wie „geloben", also zum Beispiel „Beistand geloben". Das war 1650, zwei Jahre nach Ende des auch den Norden verheerenden „Dreißigjährigen Krieges", als viele Tote bestattet werden mussten und zunächst wenig Zusammenhalt dafür da war. Die Angehörigen der Beliebung dagegen, die übrigens nicht ausschließlich auf der Schlei-Insel wohnen mussten, verpflichteten sich, in Sterbefällen einander beizustehen.

Heute ist die Holmer Beliebung immer noch eine Totengilde und bei Beerdigungen auf dem Holmer Friedhof, der der Gilde gehört, wird ein auf einem Stab aus Ebenholz befestigter silberner Totenkopf vorangetragen mit der Inschrift „Sag nicht, ich bin noch jung, ich kann noch lange leben. Du bist schon alt genug, den Geist von dir zu geben." Doch genug der Schwarzmalerei! Denn zugleich pflegen die Beliebungs-Mitglieder das gesellige, nachbarschaftliche Miteinander, etwa beim jährlichen Beliebungsfest. Da überspannen Girlanden die Gassen und Straßen, kaum ein Haus, das nicht die schleswig-holsteinischen Farben zeigt und die Schleswiger Stadt-Flagge, alles wirkt reinlich und gespannt und … da kommen sie auch schon, die Männer der Beliebung in ihren guten dunklen Anzügen, ernsthaftes Gesicht, Zylinder auf dem Kopf und eine kleine rote Rose im Knopfloch. In Dreierreihen umrunden sie mit Musik zweimal den Friedhof, den Toten zu Ehren.

Danach wird gefeiert. Tüchtig.

DER TRAUM LEBT

Schleswig auf der Suche nach seiner Identität

Oh, Schleswig ist die Stadt, die es nicht gibt.

Da behauptet doch ein hoch gebildeter, ernst zu nehmender Mann, Heinrich Rantzau (1526–1598), Statthalter des dänischen Königs in den Herzogtümern Schleswig und Holstein, in seiner „Landesbeschreibung", die Bevölkerung auf der jütischen Halbinsel – die Kimmerer, also auch die Schleswiger – stamme vom biblischen Arche-Bauer Noah ab. In der Tat, Scherz beiseite, eine klassische Gründungsurkunde der Stadt gibt es nicht. Der Ort wird lediglich erwähnt, 804 n.Chr., in den „Annalen" des damaligen Fränkischen Reichs – erwähnt! Und trägt dann auch noch zwei Namen: Sliesthorp/Sliaswig und Hedeby/at Haethum, je nach dem, ob man von Süden oder von Norden auf diesen Ort an der Schlei zusteuert. Was stimmt denn nun?

Das stimmt: In der Biografie von Schleswig findet sich bei genauerer Betrachtung viel Instabiles, finden sich viele Versuche, die Urbanisation immer wieder auszumessen, ja, sogar neu zu erfinden, ihre geschichtliche Kontur nachzuzeichnen und daraus eine Perspektive für die Zukunft zu gewinnen. Scheint so, als sei Schleswigs einzige Kontinuität … der Wandel. Warum?

Die vielleicht triftigste Antwort heißt: Die Lage macht das. Die Lage, bis heute, im geografischen, politischen, wirtschaftlichen und mentalen Grenzgebiet zwischen dem skandinavischen und dem kontinentalen Raum, also zwischen „Nord" und „Süd". Aber auch die Lage zwischen Ost und West, am Beginn einer Landenge von gerade einmal 16 Kilometern. Die Lage am sumpfigen Ende der ziemlich langen Reise (42 Kilometer) eines gewundenen Wasserwegs, der Schlei. Sichelförmig legte sich die Besiedlung um deren finale Ufer und das musste auch so sein, denn viel Platz gab es auf dem schmalen Uferstreifen nicht, dahinter gingen gleich die „Berge" hoch, der „Kratzenberg" (frühere Bezeichnung für den Stadtteil Friedrichsberg) zum Beispiel und der Hesterberg, der Michaelisberg oder der Gallberg.

Solch ein Schleswig wie auch das Land rundum ist „praktisch nicht zu verteidigen" (Historiker Dieter Lohmeier). Sicher, man hat es versucht, mit Bollwerken unterschiedlicher Art. Mit dem heute noch mächtigen Wall in einem Halbkreis um Haithabu, die alte Wikingersiedlung. Deren Eroberer ließen sich davon nicht abhalten. Mit den Befestigungen, die gleich die ganze Halbinsel abriegeln sollten. Aber auch dieses „Danewerk" war letztendlich wenig wert, man konnte es umgehen, etwa beim Städtchen Arnis. Und natürlich hatte auch die Altstadt ihre Fortifikationen, ebenso wie im Westen die Fürsten-Residenz, die aus einer Bischofsburg herausgewachsen war. Aber auch hier: umsonst. Schloss Gottorf wurde dann eben vom nächstgelegenen Hügel aus beschossen, sozusagen innerstädtisch.

Kurzum, Schleswig – erst Wirtschafts-, dann Herrschaftsmittelpunkt – lud zum Einmarsch ein. In Schleswig sind sie alle gewesen. Die Dänen, die noch heute, 100 Jahre nach der Volksabstimmung, die den

*Riesen-Projekt:
Der Aufbau des Domturms
an der Westfassade bis 1894
Foto: Bildarchiv
Stadtmuseum Schleswig*

Norden des alten Herzogtums nach Dänemark und den Süden nach Deutschland brachte, ihr großes rot-weißes Flaggentuch selbst an einem kleinen Ruderboot auf der Schlei nicht missen wollen. Die Norweger, die 1050 schon mal Haithabu zerstörten und die nach dem Ende des Zweiten Weltkriegs die englischen Truppen in den Kasernen auf der „Freiheit" ablösten. Die Österreicher, die 1864 mit den preußischen Truppen im Kampf gegen die Dänen fern der Heimat einen hohen Blutzoll zahlten. Die Russen, deren Zar Peter I. sich als Kriegsbeute nach dem Gewinn des Nordischen Krieges den weltberühmten Globus im Gottorfer Barockgarten sicherte und nach St.Petersburg bringen ließ. Die slawischen Stämme aus dem heutigen Ostholstein, denen der Reichtum des Handelsplatzes Haithabu so sehr ins Auge stach, dass sie ihn 1066 gänzlich verödeten – um nur diese Beispiele zu nennen.

Die Bürgerinnen (vor allem die) und Bürger Schleswigs haben seit je her unter den Kriegshandlungen, den Einquartierungen und Lazarett-Leistungen, früher auch den Plünderungen, gelitten. Zugleich waren sie froh und kämpften regelrecht darum, Garnisonsstadt, zum Schluss auch der Bundeswehr, zu sein und zu bleiben, wegen der Kaufkraft der Soldaten und früher vielleicht auch aus einer Art von Stolz, jedenfalls bis die jungen Leute aus dem Krieg zurückkehrten und alt aussahen.

Wenn also die äußere Identität Schleswigs und der Schleswiger so häufig auf Durchzug gestellt war, dann verwundert es nicht, dass man sich um so mehr in aller Seelenruhe der inneren Ausstattung, der Traditionspflege und dem Zusammenhalt in sublokalen Gruppen widmete. Wohl kaum eine zweite Stadt dieser Größe besitzt bis heute so viele wohlgepflegte Zirkel und Clubs, Gilden und Beliebungen wie Schleswig. Das bürgerschaftliche Engagement bringt große Vorteile, aber vielleicht auch den Nachteil, dass dieses eng geflochtene Netzwerk eine frische Bewegung abbremsen kann.

Man darf von einer gewissen Langsamkeit der Entscheidungsprozesse sprechen, einem „Schnecken-Gen" – nicht zuletzt, weil das auch früher bereits so gesehen wurde. Zum Beispiel von Adalbert Graf Baudissin, Absolvent der Schleswiger Domschule, der nach einem Besuch seiner Heimatstadt vom „ewigen Aufpassen und Bevormunden" schrieb und stöhnte: „Dieses ängstliche Wachen, daß alles im gewohnten Gleise bleibt!" Eine andere Quelle attestiert den Schleswigern zumindest ein immer schon „wohltemperiertes Gemüt". Ein guter Beleg dafür ist im 19. Jahrhundert der Anschluss an das Eisenbahnnetz, das dem Benutzer für die Fahrt nach Flensburg ja erhebliche Zeitvorteile in Aussicht stellte. O jeh! Jedenfalls dauerte es von 1844 bis 1858, bis Schleswigs Anschluss an die Welt (mit einem Bahnhof auf der heutigen Kreuzung vor Schloss Gottorf) erstmals funktionierte. Ähnlich qualvoll lange wogte das Pro und Contra hin und her, bis das „Hohe Tor", das auf der Langen Straße nach Norden im Mittelalter die Altstadt beschloss, schließlich 1883 abgebrochen wurde.

Aber da Langsamkeit auch etwas mit Gelassenheit zu tun haben kann, sollen die Vorteile dieser Eigenschaft nicht verschwiegen werden. Speziell an Brennpunkten der Geschichte treten sie zu Tage. Da wird dann nichts übereilt und niemand wird vorschnell einen Kopf kürzer gemacht. Auch nicht bei einem so grundstürzenden Ereignis wie der Reformation, das anderswo zu Aufruhr führte. Nicht so in Schleswig: Noch bis zu seinem Tod durfte der katholische Bischof im evangelisch gewordenen Schleswiger Dom die Messe lesen. Oder als der Primat des Nationalen im März 1848 Dänen und Deutsche auseinandertrieb. Trommeln dröhnten, die Domglocken schallten über die Dächer und auf dem Rathausmarkt rief ein Mann, verkleidet als Pariser Barrikadenkämpfer: „Sall Revolutschon makt warn!“ Häuserkampf? Von wegen. Die deutsch-gesinnten Soldaten der Garnison rückten nach Rendsburg, die dänisch-gesinnten nach Flensburg ab. Nicht anders 1918. Als das Kaiserreich zusammenbrach. Das war nun wirklich eine Revolution! Aber eine „in fast idyllischem Rahmen“ (Historiker Theo Christiansen). Offenbar lebten die alte, preußisch geprägte Gesellschaft und die Revolutionäre noch eine Zeit lang „nebeneinander her, ohne sich offen zu befehden“.

VOM VERLUST DER ALLERBESTEN HANDELSZEIT HAT SICH SCHLESWIG NIE MEHR ERHOLT

Wie man möglichst einvernehmlich Transformationen abwickelt – damit hat die kleine, große Stadt zwischen den Meeren seit Anbeginn nun wirklich Erfahrung. Die Archäologen sind sich über die Details noch nicht einig, aber dass der Umzug auf das gegenüberliegende Nordufer der Schlei – nachdem Haithabu/Hedeby 1050 und 1066 zerstört worden war – nicht auf ein unbekanntes Terrain erfolgte, darf vermutet werden. Schnell wuchs auch der neue Platz zu einem überregionalen Drehkreuz für den Fernhandel heran, im Mittelpunkt der Achse von Nowgorod über Gotland bis nach Köln und Soest. Das westlich am Ufer der Treene gelegene Dorf Hollingstedt fungierte dabei als sein Nordseehafen. Doch diese Monopolstellung hielt nicht sehr lange vor, denn mit Lübeck (und dem Zugang zur Nordsee über Hamburg) war den Schleswiger Fernhandelskaufleuten ein mächtiger Konkurrent erwachsen, der der alten Strecke schließlich den Garaus machte. Da half auch das erste Stadtrecht des Ostseeraumes nicht weiter, das Schleswig bereits 1150 erhalten hatte.

100 Jahre später war Schleswigs frühere Funktion erloschen. War sein „Goldenes Zeitalter“ vorbei. Wieder musste die Stadt sich neu erfinden. Kleiner machen, Leute, hieß jetzt die Devise. Das umfangreiche Hafenareal mit seinen zahlreichen Schiffsbrücken wurde durch einen Klosterneubau reduziert, sogar die Königspfalz wurde für Klosterzwecke umgewidmet. Und hinter dem St. Petri Dom, für das Jahr 1134 erstmals erwähnt, entstand ein „moderner“, viereckiger Markt für die Händler aus der Stadt und der Region. Der dänische König war auf einmal wieder fern, dafür der Herzog nahe, der mit einer Überplanung der gesamten Siedlungsanlage reagierte.

Etwas zugespitzt könnte man sagen: Vom Tiefschlag um 1250, vom Verlust der allerbesten Handelszeit im frühen und hohen Mittelalter, hat sich Schleswig nie mehr erholt. Schleswig/Hedeby, das war doch (leicht verklärt) ein Traum. Der Traum von der Nähe der Ferne, von der Gleichberechtigung der religiösen Bekenntnisse, vom Austausch der Ideen und Innovationen, vom entspannten Miteinander der Kulturen, vom guten Leben innerhalb der Mauern und dem friedvollen Umgang außerhalb. Vorbei, vorbei.

Seither sucht die Stadt, dem Phantomschmerz nachzuspüren und ihn zu überwinden. In letzter Zeit ist auch einiges gelungen. Jüngere Unternehmer wollen sich mit einer Abseits-Rolle nicht anfreunden, sie stellen geschickt die Vorteile Schleswigs heraus, etwa die freien Flächen (638.000 Quadratmeter) für Gewerbeansiedlungen. Auch wächst die Stadt wieder, junge Familien und Großstadt-Flüchtlinge entdecken den Reiz der Lage. 1.000 Wohnungen sollen am östlichen Stadtrand entstehen. Der Dom wird grundsaniert und Schloss Gottorf komplettiert. Millionenbeträge fließen in diese Maßnahmen, die Schleswig gewiss attraktivieren werden. Doch es bleibt die nüchterne Feststellung: „It's the economy, stupid!" Der Wegzug vor Jahren von Industriebetrieben und damit Arbeitsplätzen ist noch keineswegs wettgemacht. Und die Bemühungen, ein übergreifendes städtisches Konzept als Gesundheits- oder als Kulturzentrum (Slogan: „Die freundliche Kulturstadt") zu etablieren, sich also dadurch neu zu definieren, kamen über die Kinderschuhe nicht hinaus.

Deswegen springen wir noch einmal in die Vergangenheit der Stadt. Da gab es im 17. Jahrhundert rings um Schleswig und sein Schloss sogar einen eigenen Staat, das Herzogtum Schleswig-Holstein-Gottorf. Und es gab einen kunstsinnigen Herzog, Friedrich III. (1597–1659), der großen Glanz in die Region brachte. Er hatte, mehr als manche heute, verstanden, dass man mit „Kultur" nach innen und außen punkten kann, also förderte er Künste und Künstler, schuf mit dem Barockgarten auf einem Hang hinter dem Schloss eine überregionale Attraktion und wollte sogar die alte Funktion von Schleswig als Drehscheibe des Handels durch eine Sondierung beim Schah von Persien wiederbeleben. Doch mit dem Tod des Herzogs erstarb auch das barocke Konstrukt.

Seine Nachfolger verspekulierten sich politisch, das kleine Fürstentum ging 1713 „gänzlich im dänischen Gesamtstaat auf" (Lohmeier). Viele Schätze aus der Gottorfer Kunstkammer wurden als Kriegsbeute nach Kopenhagen verbracht, darunter auch die berühmte Bibliothek mit über 10.000 Bänden. Fast könnte man unsere Eingangszeile variieren: Rechtlich besehen war das Herzogtum ... ein Staat, den es gar nicht gab. Sein Schleswiger Landesteil beruhte nämlich auf einem Lehen (überlassenes Recht) des dänischen Königs, und Holstein südlich der Eider war ein Lehen des deutschen Kaisers.

DIE „STADT SCHLESWIG" BESTAND AUS MINDESTENS DREI SIEDLUNGSKERNEN

Dennoch: Für das Leben in der Stadt Schleswig spielte die Gottorfer Residenz eine zentrale Rolle. Sie hatte sich aus der alten Bischofsburg entwickelt, mächtig ragt bis heute die Südfassade empor, repräsentativ sind die Räume (etwa die Kapelle oder der Hirschsaal) im Nordflügel, unvollendet blieb der Ostflügel. Schon 1268 hatte der Herzog sein Gehäuse, die Jürgensburg, auf der zugigen Möweninsel verlassen, den Bischof nach Schwabstedt an die Treene vertrieben und war auf das Eiland im hintersten Winkel der Schlei gezogen. Von dort aus erstreckten sich später zwei Tentakel. Der Hofstaat siedelte sich Richtung Süden an, im Stadtteil Friedrichsberg. Repräsentative Häuser wie der Günderoth'sche Hof (heute Stadtmuseum) und das „Prinzenpalais" geben davon Zeugnis. Handwerker und Bedienstete suchten sich Plätze an der Wegstrecke Richtung Altstadt („Lollfuß"), nach Osten also. Insofern bestand die „Stadt Schleswig" aus mindestens drei Siedlungskernen mit der Altstadt um den Dom herum als ältestem Areal. Schleswig als regelrecht von innen nach außen gewachsene Stadt – eine Fiktion.

(Abbildung rechts) Singulär im ganzen europäischen Norden: Der Altar des Holzschnitzers Hans Brüggemann Foto: Bildarchiv Stadtmuseum Schleswig

Für sich lebensfähig waren alle drei Partien nicht, das stellte sich schon schnell heraus. Häuser standen leer, Armut grassierte. Auch das Schloss wurde in den frühen Jahren des 18. Jahrhunderts allmählich zu einer „leeren Hülle" (Lohmeier). Da lag es nahe, die drei separaten Wohngebiete zu „combiniren" und aus den Einzelteilen ein Ganzes zusammenzusetzen, was nach vielem Hin und Her auch geschah. Der 7. September 1711 gilt als der Geburtstag der Stadt in der Form, wie es sie (mit weiteren Ergänzungen) bis heute gibt. Schleswig ist kein geborenes, sondern „ein *gewordenes* Eins", schreibt Heinrich Philippsen in seinem Buch über „Alt-Schleswig".

1711: Ein einschneidendes Datum, eine weitere Neuerfindung. Und dann endlich ein Regent, der bewahren, am Bewährten festhalten wollte, aber auch der neuen Zeit gegenüber aufgeschlossen war: Carl von Hessen (1744–1836), seit 1767 Statthalter des dänischen Königs in den Herzogtümern Schleswig und Holstein. Fast 70 Jahre lang nahm er von Schloss Gottorf aus sein Amt wahr. Die Einkünfte als Statthalter betrugen etwa 200.000 Taler im Jahr, seine Frau Louise war als Schwester des dänischen Königs nicht unvermögend und gab sich auch so – noch einmal kehrte ein Abglanz der feudalen Herzogszeit auf die Schloss-Insel zurück. Auch die Gewerke in der Stadt hatten was davon, „Carl Landgraf" nannte die Bevölkerung ihren Herrscher von der milden Observanz.

Dabei war der eine höchst komplexe Persönlichkeit; eigentlich gab es gleich mehrere „Carl von Hessens". Aufgewachsen noch im Absolutismus, geprägt vom Umsturz 1789 und der liberalen Aufklärung, suchte er seinen Weg. Zeitweise ein erfolgreicher Militär-Kopf, war er als Mitglied der Schleswig-Holsteinischen Bibelgesellschaft der christlichen Lehre zugetan, aber mehr noch der Freigeisterei; zusammen mit dem berüchtigten Grafen von St.Germain experimentierte er im Keller eines Freimaurerturms in seiner Sommerresidenz Louisenlund am Ufer der Schlei. Als Bühnen-Fan etablierte Carl von Hessen das Schleswiger Hoftheater, als Freund technischer Neuerungen förderte er die Eisengießerei („Carlshütte") in Büdelsdorf, und sein sozialpolitisches Engagement spiegelte sich in der Einrichtung von „Armengärten" für bedürftige Bürger. Auf seine Weise trug der Statthalter zur Vielseitigkeit von Schleswig bei, zu dessen anhaltender Suche nach einem stabilen Profil, vor allem aber zu seiner „Buntheit", wie Historiker Hermann Kellenbenz (in seinem Buch „Schleswig in der Gottorfer Zeit") das nennt. Wie schon beim Trauerzug für den Herzog Friedrich III. war der Aufwand für die kleine Residenzstadt gigantisch, mit dem Carl von Hessen 1836 zu Grabe geleitet wurde.

Viele ahnten es: Durch den Tod des Landgrafen fand eine lange Periode der Ruhe in Stadt und Region ihr Ende. Das lag an den nationalen Strömungen, die schließlich Oberhand gewannen, die ganze Epoche war auf Umbruch eingestellt. „Man weiß nicht, wo man ist", sinnierte der Dichter Johann Wolfgang v. Goethe über seine Zeit, die auch in Technik und Wissenschaft viel Tempo aufgenommen hatte. Im hoch verschuldeten Schleswig stürzte man sich 1848 mit Begeisterung in den Krieg – um nur zwei Jahre später am 25. Juli 1850 nach der verlorenen Schlacht bei dem Dorf Idstedt nördlich der Stadt die Rückkehr des dänischen Regimes akzeptieren zu müssen. 5.000 Verwundete und 1.455 Tote – ein enormer, aber schon deswegen völlig absurder Opfergang, weil sich wenige Tage zuvor die europäischen Großmächte darauf verstän-

digt hatten, das Herzogtum Schleswig im dänischen Gesamtstaat zu belassen.

Nicht lange danach, am 1. Februar 1864, kam es zur endgültigen Konfrontation mit Dänemark, die für die deutschen Großmächte Preußen und Österreich erfolgreich ausging. Nachdem Preußen in der Schlacht von Königgrätz 1866 auch Österreich besiegt hatte, stand einer weiteren Neuerfindung der beiden Herzogtümer Schleswig und Holstein nichts mehr im Wege: als preußische Provinz (ab 1867) und mit Schleswig als Hauptstadt. Manche lehnten die „Annexion" ab, viele waren begeistert. In der Stadt wurde eine Jugendwehr gegründet, die mit Holzgewehren exerzierte. Und aus dem Rathaus sandte man an Kaiser Wilhelm I. eine Ergebenheitsadresse, in der es hieß: „So sind wir denn für alle Zeit preußisch und deutsch." Majestät wiederum reagierte huldvoll mit einer Visite an der Schlei, bei der er die Möweninsel besuchte, auf der eine illuminierte Phantasieattrappe der Jürgensburg, der alten Herzogs-Residenz, aufgebaut worden war.

Aber auch die echte Stadt-Kulisse sollte von der Einverleibung in das Deutsche Reich ihren Vorteil haben. Der St. Petri Dom, für das Jahr 1134 erstmals schriftlich erwähnt, war zwar schon als romanische Basilika und danach als spätgotische Halle eine eindrucksvolle Bischofskirche, die wie eine Glucke ihre Küken das Häusergeschachtel der Altstadt überragte, ein Gegenpol zum mächtigen Schloss am westlichen Rand der Stadt. Generationen haben an ihm gebaut, viele Stifter haben seine eindrucksvolle Ausstattung, insbesondere den „Brüggemann-Altar", besorgt. Doch irgendetwas fehlte dem Betrachter und Besucher des Schleswiger Doms – natürlich, ein angemessener Turm im Westen des Gebäudes. Angemessen, weil der hölzerne Turm, in dem man die Dom-Glocken aufgehängt hatte, schon lange unstabil geworden war. Angemessen aber auch nach preußisch-imperialen Maßstäben. Schließlich favorisierte und finanzierte Kaiser Wilhelm II. die Baumaßnahme. Ein Gardemaß von 112 Metern für den dritthöchsten Kirchenturm im Lande war da gerade recht.

Von 1888 bis 1894 türmte man nach Plänen aus Berlin die Backsteine aufeinander, vielleicht hätte man sich etwas mehr Zeit, Etat und Verstand gönnen sollen. Die knappe Kalkulation von rund 470.000 Mark wurde zwar eingehalten, der Domturm jedoch ist beinahe seit dem Tag seiner pompösen Einweihung ein Sanierungsfall. Bereits 1909 zeigten sich die ersten Baumängel an Statik und Fassade. In den 1950er Jahren mussten Zwischendecken aus Stahlbeton eingezogen werden, der Turm wurde saniert, aber die verwendeten Ziegel, so stellte sich später heraus, waren nicht frostsicher, in den 1960er Jahren wurde eine Wasserglasbeschichtung am Westgiebel aufgebracht und in den 1990er Jahren bekämpfte man die seit langem grassierende Feuchtigkeit im Mauerwerk durch das Verfüllen der Fugen mit vulkanischem Trasskalk.

Damit war das Gebröckel der stolzen Bischofskirche aber noch nicht beendet. Im Gegenteil: Es wurde immer dramatischer; deswegen müssen seit 2017 auch Teile des Kirchenkörpers, dessen 33 Glasfenster sowie der Turm grundlegend ausgebessert und mancherorts ersetzt werden. Gesamtkosten: über 20 Millionen Euro. Geplante Fertigstellung: 2021. Die Feuchtigkeit, die von Westen her eindrang, bedrohte sogar im Osten des Kirchenschiffs den Brüggemann-Altar, das berühmteste Kunstwerk der Kathedrale – singulär im ganzen europäischen Norden. Heute kleiden Stahlrohr-Gerüste den Petersdom bis zu seiner Turmspitze ein. Auch das 12

Meter hohe und sieben Meter breite Retabel hat man verhüllt.

Seit gut 350 Jahren befindet sich der Altar im Dom. Ursprünglich geschaffen wurde er auf Geheiß des Schleswiger Herzogs 1514 – 1521 für die Kirche des Augustiner-Chorherrenstifts in Bordesholm. In 398 Figuren haben der Künstler Hans Brüggemann und seine Gehilfen Szenen aus der biblischen Heilsgeschichte mit der Passion Christi im Mittelpunkt in Eichenholz nachgebildet, dabei nahm man Anregungen aus Holzschnitten von Albrecht Dürer auf. Brüggemanns raffinierter Realismus, der Lichtwirkungen und die Untersicht des Betrachters einkalkuliert, spiegelt das persönliche Gotteserleben der neuen Zeit wider. Aussage und Gestaltung des Altars galten schon damals als Sensation. Einer Legende nach sollen die Bordesholmer Mönche den berühmten Holzschneide-Meister geblendet haben, damit er kein zweites Kunstwerk von diesem Rang, etwa für Lübeck, erschaffen konnte. Überhaupt liegt Brüggemanns Lebensweg weitgehend im Dunkel. Man kann lesen, er sei in großer Armut gestorben. Seine nur unvollkommen erschlossene Biografie mag gut nach Schleswig passen.

Die preußische Zeit, für die in mancherlei Hinsicht der überdimensionierte Dom-Turm steht, endete 1918 mit einer Vollbremsung. Erneut war ein Fundament der Stadt entzwei gebrochen, wieder mussten die Schleswigerinnen und Schleswiger versuchen, die Teile zusammenzufügen. Weimarer Republik und Nationalsozialismus, Krieg und Flüchtlinge sind nur einige Stichworte für die Zwischen-Jahre, bis dann endlich am 20. April 1947 der erste Landtag Schleswig-Holsteins in freien Wahlen bestimmt werden konnte. Schleswig, dieses komplexe und komplizierte Stadtgebilde, war ab 1949 Teil eines deutschen Bundeslandes, dessen Hauptstadt allerdings – nachdem Schleswig seit 1867 Sitz der preußischen Provinzregierung gewesen war – die vom Krieg arg gebeutelte Fördestadt Kiel wurde. Schleswig entschädigte man mit den obersten Gerichten des Landes und mit den Landesmuseen, von denen sich heute noch zwei auf der Gottorfer Schlossinsel befinden. Eine „Kunstkammer" der modernen Art.

Der Traum, den Schleswig immer geträumt hat, er ist noch nicht zuende. Schön, dass es dieses Schleswig gibt.

DANKE

Dies ist ein Buch aus Büchern. Dutzende von ihnen habe ich nach relevanten Informationen durchgesehen und durchgelesen. Allen Autoren, von denen viele hier nicht eigens genannt werden können, bin ich zu Dank verpflichtet. Zwei Bücher haben mir besonders gefallen: ein altes, dünnes und ein neues, ganz dickes. Das alte ist der Nachdruck von „Der Holm und die Holmer“ (1935) und das neue ist zumindest Band 2 des Standardwerks „Klosterbuch Schleswig-Holstein und Hamburg“ der Herausgeber Oliver Auge und Katja Hildebrand.

Vor allem aber ist dies ein Buch aus Nachrichten, Einschätzungen, Erinnerungen und Erzählungen von Menschen, denen das Kloster am Herzen liegt. In und um Schleswig herum habe ich viele Gespräche geführt. Stellvertretend nenne ich die Priörin Ina v. Samson-Himmelstjerna, Manfred Tönsing aus Borgwedel, dessen „historischer Rundgang“ durch das Kloster immer wieder hilfreich war, oder die Pastoren Gisela und Dr. Dieter Andresen sowie Michael Bruhn. Dank auch an das Stadtmuseum und Dr. Dörte Beier für die unkomplizierte Zusammenarbeit. Mein besonderer Dank geht an den Historiker Christian Radtke M.A., weil er mich lehrte, Legenden von Fakten zu unterscheiden. So stellen sich einige Überlieferungen in der Nahbetrachtung doch etwas anders da.

Wenn es das Wort „Geborgnis“ in der deutschen Sprache gäbe, dann würde es auf die Stimmung der Geborgenheit im St. Johannis-Kloster gut zutreffen. „Geborgnis“, die ich auch mit den allermeisten Nachbarn im Kloster teilen darf, wofür ich mich ebenfalls bedanke.

M.R.